Thomas
Kammeier

Grande Cuisine der
Metropole

Vorwort

We know what it takes™

Herzlich Willkommen im InterContinental Berlin

Metropole Berlin. Weltoffen, modern, aufregend. Die unerschöpfliche urbane Vielfalt Berlins begründet eine Lebensqualität besonderer Anziehungskraft.

Das InterContinental Berlin ist nicht nur Teil, sondern schon immer auch Förderer dieses Lifestyle. Welcher Grund auch immer den Reisenden in Deutschlands Hauptstadt führt, er ist stets auf der Suche nach einem Ort der Ruhe und Gelassenheit oder nach einem passenden Arbeitsumfeld.

Willkommen im InterContinental Berlin!

Im Herzen Berlins zwischen Kurfürstendamm und Potsdamer Platz gelegen, ist das Hotel Treffpunkt des politischen, wirtschaftlichen und kulturellen Lebens. Das InterContinental Berlin vereinigt großzügiges stilvolles Ambiente und perfekte Gastlichkeit. Unsere Gäste sind anspruchsvoll – und das ist unser Glück.

Als eines der traditionsreichsten Hotels mit jahrzehntelanger Erfahrung kennen wir die Bedürfnisse und Wünsche unserer Gäste. Wir wissen, dass sie schnellen und sofortigen Service wünschen, weil ihre Zeit wertvoll ist. Wir wissen, dass sie unsere Dientleistungen rund um die Uhr in Anspruch nehmen möchten.

Wir wissen, dass sie immer erreichbar sein müssen, d. h. ihr Zimmer ist auch ihr persönliches Office. Und wir wissen, dass gerade kleine Aufmerksamkeiten den Unterschied machen. Wir wissen, worauf es ankommt.

WE KNOW WHAT IT TAKES™

Diese Philosophie unseres Hauses leben die Mitarbeiter des InterContinental Berlin aus 35 Nationen in allen Bereichen.

Ob im exklusiven Club InterContinental, in der Wellnessoase VitalityClub oder dem neuen Feinschmecker-Restaurant über den Dächern von Berlin, »HUGOS«.

Mit diesem Buch möchte ich Sie einladen, am Leben im neuen InterContinental Berlin teilzuhaben und mit den auserlesenen Rezepten unseres Sternekochs Thomas Kammeier die **Grande Cuisine der Metropole** für sich neu zu entdecken.

Ihr Willy Weiland

Inhalt

10 | ## HotelFeeling
Hotels faszinieren. Weltweit.

12 | ## HotelHistorie
Ein Hotel für die Zukunft bauen

16 | ## ClubFloor
Modernes Design schafft Raum für das Besondere

18 | ## ClubLounge
Individualität in privater Atmosphäre

20 | ## VitalityClub
Vitalität und Fitness der Extraklasse

22 | ## HotelBar
Wunderbare Zeiten für Nachtschwärmer

24 | ## AidsGala
Kulinarische Oper zwischen Kulissen und Requisiten

30 | ## BundespresseBall
Kulinarisches Macht-Zentrum

36 | *Davidoff GourmetFestival*
Internationales Staraufgebot zum Anbeißen

38 | *Kammeier*
Thomas Kammeier – Kochkunst mit Ausblick

48 | *Vorspeisen*

86 | *Fleischgerichte*

108 | *Fischgerichte*

138 | *Desserts*

154 | *Käse*

158 | *Basics*

162 | *Glossar*

164 | *Register*

 *HotelFeeling*

Hotels faszinieren. Weltweit.

Ankommen heißt auch immer willkommen zu sein. Ein gutes HotelFeeling von Anfang an.

Hotels faszinieren. Weltweit.
Hotels sind gelebte Emotionen, haben Geschichte geschrieben und sind bis heute ein unwiderstehlicher Anziehungspunkt für Glanz und Glamour, Stars und Sternchen. Aber Hotels sind auch ein sicherer Ort für Genussmenschen, Erholungssuchende und Zeit-Reisende.

Und sie sind vor allem das Produkt der Menschen, die in ihnen arbeiten, die mit ihrem freundlichen **Service** Fremdheit überbrücken und damit Gastlichkeit, Wohlbehagen und eine private Atmosphäre schaffen.

Dafür ist alles in Bewegung, lautlos, hinter den sprichwörtlichen Kulissen. Präsent, ständig, verlässlich:

Ein Hotel schläft nie, damit der Gast ruhig schlafen kann.

Aber ein Hotel ist auch das Produkt der Menschen, die für eine begrenzte Zeit seine Gäste sind:
Eine bunte Mischung unterschiedlicher Kulturen, Nationen, Ideen, Charaktere, Ansichten und Vorstellungen.

Welche Rolle auch immer das Hotel für den Gast spielt, wie immer er seinen Aufenthalt empfindet – als Unterbrechung oder als Ziel: Das Hotel ist ein zentraler Punkt in einer sich ständig bewegenden Gesellschaft, ein zielgerichtetes Ruhen im Unterwegssein.
Deswegen ist es gerade der diskrete Luxus, die Gewissheit des unaufdringlichen Genusses, die dem Gast das Gefühl geben, sich in eine beruhigende Beständigkeit und Verlässlichkeit fallen lassen zu können.
Das Hotel durchaus auch als Ort der Besinnung und Konzentration, ein Platz der individuellen Entdeckungen von Entspannung und eine sprichwörtliche Oase des Wohlfühlens? In jedem Fall, denn ein Hotel bietet dazu die richtige Atmosphäre und das passende Ambiente.

Und es bietet Leistungen und Service als Selbstverständlichkeit an, ohne dabei in eine unaufmerksame und lieblose Routine zu verfallen.
Denn es ist gerade nicht der Standard, der am Grand Hotel fasziniert, sondern der Luxus, der darüber hinaus geht.

Selbstverständlich und ohne viele Worte.
Genau so wie im InterContinental Berlin.

**We know what it takes™ –
wir wissen worauf es ankommt!**

HotelHistorie

Ein Hotel für die Zukunft bauen

Als im Juni 1963 der amerikanische Präsident John F. Kennedy der jubelnden Menge seinen berühmten Satz **»Ich bin ein Berliner«** zurief, da wohnten viele der amerikanischen Gäste schon im InterContinental Berlin, das damals noch Berlin Hilton hieß.

Mit seiner denkmalgeschützten Schachbrett-Fassade gehört das InterContinental Berlin zu den markanten Bauwerken der Hauptstadt.

Fünf Jahre zuvor hatte sich ein anderer prominenter Amerikaner, Conrad Hilton, mit dem Neubau eines modernen Grand Hotels zu Berlin bekannt.

Zur Eröffnungsfeier 1958 reiste der Hotel-König persönlich aus New York in die in Besatzungszonen aufgeteilte Stadt, um das zu dieser Zeit modernste Hotel Europas zu eröffnen.

Aus der Hand des regierenden Bürgermeisters **Willy Brandt** erhielt Conrad Hilton den symbolischen Hotel-Schlüssel. »Ich baue nur dort, wo Zukunft ist«, sagte Hilton anlässlich der Eröffnungszeremonie und setzte damit auch ein Zeichen für die Aufgeschlossenheit der Amerikaner, die ehemalige Hauptstadt wieder mit Leben und Glanz füllen zu wollen.

Vom Eröffnungstag an war das Hotel in der Budapester Straße denn auch ein Anziehungspunkt für Prominente aus aller Welt, gleichzeitig Treffpunkt der internationalen Wirtschaft und Politik.

Und bis heute ist das Haus, das seit dem 1. Dezember 1978 zur Gruppe der Inter-Continental Hotels gehört, dieser Rolle als wichtiges Berliner Business- und Konferenzhotel gerecht geworden.

Das erforderte in der Vergangenheit natürlich immer wieder zahlreiche Umbaumaßnahmen, um den gesamten Komplex an die jeweils neueste Technik anzupassen und dem ständig wachsenden Anspruch an internationale Spitzen-Hotels gerecht zu werden.

Stilvolles Ambiente und perfekte Gastlichkeit

Ende der 1970er Jahre begann der Bau des Ostflügels, der 1980 eröffnet wurde. Mit diesem Neubau konnte die Anzahl der Zimmer deutlich erhöht werden – von ursprünglich 347 auf 575 Zimmer.

Nur rund zehn Jahre später, im Jahre 1992, wurden die Lobby umgebaut, die Größe der Zimmer erweitert und grundlegend neu gestaltet. Jetzt konnte das Hotel 510 großzügige und modernisierte Gästezimmer anbieten.

Illustres Publikum, internationale Gäste, Konferenzen und Tagungen aus aller Welt und hinaus in alle Welt: Mit dem neuen Tagungszentrum unterstreicht das InterContinental Berlin auch seine Führungsposition als internationales Konferenz-Zentrum Berlins.

Auf 6000 Quadratmetern bietet das InterContinental **Conference Center** in 36 verschiedenen Räumen modernste Technik für alle Ansprüche. Bis zu 1800 Personen können hier gleichzeitig tagen.

Elegante Großzügigkeit in den Suiten: Dazu gehört auch ein eigener Konferenzraum.

Wohlfühlen mit Sicherheit: Der Clubfloor verfügt über eine gesonderte Zugangskontrolle.

Hoteldirektor Weiland begrüßt US-Außenminister Colin Powell

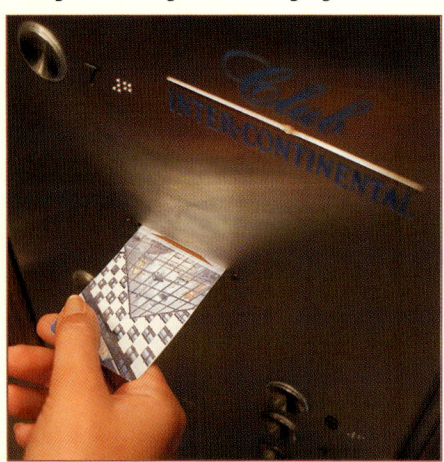

Raum mit Wohlfühlambiente: Alle Zimmer bieten ausreichend Platz für einen wohnlichen Hotel-Aufenthalt.

Dezente Eleganz zeichnet die Zimmer aus.

ClubFloor

Klare Linien bis ins Detail.

Modernes Design schafft Raum für das Besondere

Zehn Jahre später, im März 2003, waren auch die vorerst letzten umfangreichen Erweiterungsmaßnahmen abgeschlossen, die noch einmal einen Meilenstein in der Hotelgeschichte bedeuteten. Parallel zur Restaurierung der denkmalgeschützten Schachbrettfassade wird der Ostflügel erweitert und erhält ein neues **Raumkonzept** inklusive einer extravaganten Renovierung mit modern designten Zimmern.

Aber vor allem hat der Ausbau der siebten und achten Etage zum Club Inter-Continental das Hotel in eine neue Dimension katapultiert und damit neue Maßstäbe in der Berliner Hotellerie gesetzt.

Exklusive Privatatmosphäre für gehobene Ansprüche.

Luxus in Harmonie und Einklang der Farben.

ClubLounge

Persönliche Atmosphäre
mit Service der Extraklasse.

Die Club Lounge bietet gediegene Eleganz
für den ganz privaten Anspruch.

Individualität in privater Atmosphäre

Zum neuen **Club InterContinental** gehören 70 Zimmer – darunter 14 Suiten mit voll ausgestattetem Arbeitsbereich und exklusivem Konferenzraum –, die sich durch klar strukturierte Eleganz und funktionellen Komfort auszeichnen.

Dazu garantiert das exklusive Hotel-Konzept höchste Sicherheitsstandards in einer ungezwungenen Atmosphäre und einer privaten Wohnkultur.

Denn der **Clubfloor** verfügt nicht nur über eine gesonderte Zugangskontrolle und einen separaten Check-in. Für alle Fragen und Wünsche steht der Concierge dem Gast Tag und Nacht mit eigenem Service-Team Tag zur Verfügung.

Natürlich auch in der großzügigen **Club Lounge**, die mit ihrer exzellenten Betreuung und dem sehr persönlichen Service dem Gast ein sehr individuelles Wohngefühl und eine gastliche Privatheit bietet und damit Freiräume schafft, damit er ohne Aufsehen alle Annehmlichkeiten des Hotels genießen kann.

Großzügiger Komfort und persönlicher Service rund um die Uhr zeichnen die Club Lounge in der 8. Etage aus.

 *VitalityClub*

Vitalität und Fitness der Extraklasse

Fitness und Wellness müssen sein!

Wenn aber dafür über 900 Quadratmeter zur Verfügung stehen, dann kann man großzügig die Seele baumeln lassen, Ruhe genießen und mit allen Sinnen entspannen: Im neuen **Vitality Club** ist das möglich.

Denn hier ist das Angebot so umfangreich, dass für jede Entspannungsphase und für jede Trainingsstufe etwas dabei ist: Hamam Bad, großer Swimmingpool, verschiedene Saunen, Whirlpool, Massagemöglichkeiten, Solarium, Erlebnisduschen, ein modernst ausgestatteter Fitnessbereich und ein Beauty Salon.

Und Fitness kennt im Vitality Club keine Grenzen. Rund um die Uhr, 24 Stunden, stehen die umfangreichen Trainingsmöglichkeiten dem Gast zur Verfügung.

HotelBar

Wunderbare Zeiten für Nachtschwärmer

Marlene Dietrich stand Pate für die Bar, die ihren Namen trägt.
Längst hat sich die Hotel-Bar, die mit Original-Accessoires der berühmten Schauspielerin dekoriert ist, als beliebter Treffpunkt für Nachtschwärmer etabliert. Hier treffen sich alle, die in aller Ruhe einen »Absacker« genießen oder noch einmal die Nacht zum Tag machen möchten.

Für beide Ansprüche hält die **»Marlene Bar«** das richtige Angebot bereit: Denn die über 150 Cocktails aus aller Welt und »In«-Getränke der 20er und 30er Jahre können, mit dezenter Live-Musik im Hintergrund, probiert, oder aber in der direkt neben der Bar gelegenen **»Library«** am Kamin in aller Ruhe genossen werden.

Denn in der kleinen Bibliothek, die im gediegenen englischen Stil eingerichtet ist, ist immer Platz für ein geschäftliches Meeting oder privates Tête-à-tête.

Nur während der jährlich stattfindenden **Internationalen Tourismus Börse ITB** in Berlin ist auch hier »Party-Time« bis in die frühen Morgenstunden angesagt. Denn ohne einen Abstecher in die Marlene Bar geht in Berlin kein Messebesuch zu Ende.

Für jeden Geschmack: In der legendären »Marlene-Bar« kommen Klassiker und Newcomer aus der internationalen Bar-Szene in die Gläser.

In der kleinen Bibliothek ist Platz für den gemütlichen Plausch zu später Stunde.

Bar-Geflüster ist auch über den Dächern von Berlin möglich.
Denn zum Restaurant »Hugos« gehört auch eine neue Bar in der obersten Etage, die mit anregenden Aperitifs die Erwartungen auf Thomas Kammeiers kulinarische Höhenflüge steigert.

Ein Aperitif in der neuen »Hugos-Bar« über den Dächern von Berlin ist der beste Einstieg in Thomas Kammeiers Sterneküche.

AidsGala

Kulinarische Oper zwischen Kulissen und Requisiten

Wenn auf der Straße vor der Deutschen Oper die Scheinwerfer der vorfahrenden Limousinen mit den Blitzlichtern der Fotografen um die Wette strahlen, dann hat die **Deutsche AIDS-Stiftung** zur festlichen Operngala geladen.

Und alle kommen, denn seit 1993 zählt die Benefiz-Veranstaltung zu den kulturellen Highlights der Hauptstadt: Ein gesellschaftliches »Come together«, das zwischen Schick und Glanz auch Platz für die lockere Berliner Lebensart lässt.

Der Gala-Abend hat viele Facetten, vom festlichen Klassikprogramm bis zum Tanz in den Morgen: Bunte Berliner Lebenslust für einen guten Zweck.

»Sterne«-Catering für Prominenz aus Politik, Wirtschaft und Kultur.

Zufrieden mit der »Kulinarischen Oper«: Thomas Kammeier und Patricia Riekel, »Bunte«-Chefredakteurin.

AidsGala

Der Abend hat auch eine kulinarische Seite. »Catering's Best by InterContinental Berlin« heißt das Zauberwort, **Klaus Beckmann**, Küchendirektor des Hotels, und **Thomas Kammeier**, Küchenchef im »Hugos«, sind jetzt gefordert.

Noch während auf der Bühne die Stars des Abends gefeiert werden, laufen Backstage die Vorbereitungen für das nächtliche **Gourmet-Buffet** auf Hochtouren.

Keine leichte Aufgabe, denn die Deutsche Oper ist für kulinarische Veranstaltungen dieser Größenordnung nicht konzipiert.

Dafür ist das Team vom InterContinental Berlin für solche Events bestens gerüstet: 2000 Gäste zum Gala-Buffet und noch einmal rund 700 Prominente aus Wirtschaft, Politik und Kultur im exklusiven **VIP-Bereich** machen Beckmann und Kammeier kaum Kopfzerbrechen.

Seit der ersten AIDS-Gala 1993 bieten professionelle Teamarbeit und eine durchdachte Logistik Genuss- und Gaumenfreuden auch dort, wo normalerweise Orchester und Schauspieler ihrer Kunst nachgehen.

Trotz der räumlichen Enge laufen die Vorbereitungen der rund 120 Köche und 170 Service-Mitarbeiter wie am Schnürchen.

Eingespieltes Team:
Allein 500 Hummer, 300 Kilogramm Kalbsfilet, 160 Kilogramm Gemüse und 130 Kilogramm Rehrücken werden an diesem Abend verarbeitet.
Die 1000 Stück Frankfurter Würstchen gehören schon zu den Gala-Klassikern.

Geöffnet werden dazu 2500 Flaschen Wein und 1500 Flaschen Sekt und Champagner. Während Klaus Beckmann und sein Team das gigantische Gala-Buffet aufbauen, entsteht auf dem hinteren Teil der Hauptbühne eine kulinarische Restaurant-Dimension, die selbst den Rahmen einer Großgastronomie sprengt.

Bühne frei für exklusive Gaumenfreuden.

BundespresseBall

Kulinarisches Macht-Zentrum

Highlight des Jahres: Bundespresseball Bereits seit 1951 gehört es zur Tradition der Bundesrepublik, dass Journalisten und Politiker einmal im Jahr im festlichen Rahmen zusammenkommen, um fern des gesamten Politik- und Medienrummels miteinander zu feiern.

Seit 1999 findet der Bundespresseball in Berlin statt und seit dieser Zeit trifft sich die Prominenz aus Medien, Wirtschaft, Kultur und Politik beim jährlichen **Mega-Event** im InterContinental Berlin

Für Thomas Kammeier und Klaus Beckmann ist der Bundespresseball immer wieder eine neue Herausforderung. Denn hinter der Veranstaltung verbirgt sich eine gigantische Organisationsleistung und eine aufwändige Veranstaltung, in die das ganze Hotel miteinbezogen wird. Während Küchendirektor Klaus Beckmann für die technische Gesamtleitung und Produktion sowie den logistischen Ab-lauf der Veranstaltung zuständig ist, sind Thomas Kammeier und sein Team vom »Hugos« für die kulinarische Versorgung der Gäste im Ballsaal verantwortlich.

Denn die rund 2500 geladenen Gäste, die sich in den je nach Motto der Party unterschiedlich dekorierten Räumen des traditionsreichen Hotels tummeln, wollen nicht nur unterhalten sein, sondern vor allem gut essen und trinken.

Die Politik tanzt und feiert unter der Schirmherrschaft des Bundespräsidenten.

Der Bund zeigt Flagge: Kulinarische Leckereien aus allen deutschen Landen.

Seit 1999 findet der Bundespresseball im InterContinental Berlin statt.

BundespresseBall

Genüsslicher Treffpunkt unter einem Dach

Kein Problem, trotzdem ein Großkampftag für die **1200 Mitarbeiter** an diesem Abend, die einen reibungslosen Ablauf des Bundespresseballs garantieren.

Allein 140 Köche, darunter Spezialisten und Gastköche aus der ganzen Welt, sorgen mit Unterstützung von weiteren 190 Mitarbeitern in der Küche für das leibliche Wohl der Gäste. Denn immerhin werden an diesem Abend knapp 4500 Austern geöffnet, 5000 Sushi-Portionen in mühsamer Handarbeit hergestellt, dazu rund 900 Kilogramm Seeteufel und 500 Kilogramm Fleisch zu mundgerechten Portionen verarbeitet.

Die 2000 Currywürste, die mittlerweile zum klassischen Gourmet-Repertoire des Bundespresseballs gehören, sind dagegen die leichteste Übung für die eingespielte Küchen-Crew.

Hier trifft sich die Prominenz aus den Medien: Tagesthemen-Moderatorin Anne Will.

Peter Klöppel, RTL-Nachrichtensprecher, amüsiert sich mit seiner Ehefrau beim Bundespresseball.

BundespresseBall

Genuss ohne Grenzen

Großkampftag für die Küche: rund 2500 Gäste wollen verköstigt werden.

Spezialitäten aus aller Welt für anspruchsvolle Gäste.

Das traditionelle Gala-Buffet ist in mehreren Stationen über das Parterre des Hotels verteilt, die Vorbereitungen in der Küche erstrecken sich über Tage.

Die Speisenauswahl ist international und reicht von fernöstlichen Spezialitäten über **Gourmet-Klassiker** und Schlemmereien aus den Mittelmeer-Ländern bis zu heimischen und regionalen Leckereien.

Alles vom Feinsten, versteht sich.

Auch in diesen großen Mengen lassen sich Sternekoch Thomas Kammeier und Küchendirektor Klaus Beckmann auf keine Kompromisse ein.

Nur beste Qualität wird den Gästen geboten. So wie immer, wenn im Inter-Continental Berlin gefeiert wird.

Mal ganz groß, oder mal **Tête-à-tête**.

Die vielfältige Dessert-Auswahl ist der Stolz der Pâtisserie.

DavidoffGourmetFestival

Internationales Staraufgebot zum Anbeißen

»Um gekonnte Gastrosophie zu zelebrieren, haben wir das Davidoff Gourmet Festival ins Leben gerufen.«

So umschreiben die Veranstalter die Motivation für dieses genüssliche Meeting der sinnlichen Lebensfreuden. Denn zu den Annehmlichkeiten im Leben gehört ein gutes Essen – und eine gute Zigarre.

Seit 1999 findet alljährlich in Berlin dieses Treffen von Star- und Spitzen-Köchen aus aller Welt statt, um einem interessierten Publikum Genüsse für Nase und Gaumen zu offerieren.

Und seit Beginn des Festivals sind das InterContinental Berlin und Küchenchef Thomas Kammeier mit von der Partie. Zu den Höhepunkten des Festivals gehören – neben den legendären **»Gourmet Safaris«** durch die Berliner Restaurant-Szene – die allabendlichen Events, die jeweils unter einem anderen kulinarischen Motto stehen.

Für Sternekoch Thomas Kammeier eine gute Gelegenheit, gemeinsam mit Spitzenwinzern oder international bekannten Kollegen Gaumenfreuden der Extraklasse zu bieten. An diesen Abenden ist das InterContinental Berlin einmal mehr kulinarischer Treffpunkt der Hauptstadt mit internationalem Flair und ein Hort des guten Geschmacks.

Legendär ist – neben der Küchenparty – vor allem das »Grande Finale Küchentheater«, das traditionell im InterContinental Berlin stattfindet.

Jetzt greifen alle Köche noch einmal gemeinsam in die große Gourmet-Kiste und zaubern ein Menu der Extraklasse, das von einem großartigen Live-Rahmenprogramm begleitet wird.

Im großen Ballsaal des InterContinental Berlin verabschieden sich Freunde und Genießer, um im nächsten Jahr wieder mit allen Sinnen »gekonnte Gastrosophie zu zelebrieren«.

Verschnaufpause für die Stars am Herd:
Thomas Kammeier, Peter Knogl und Susanne Vössing.

Kammeier

Thomas Kammeier – Kochkunst mit Ausblick

Blind Date hoch über Berlin.

Im 14. Stockwerk öffnet der Fahrstuhl geräuschlos seine Türen. Angekommen.

In der höchsten Etage des Hotels mit Blick über ganz Berlin. Von hier oben betrachtet, scheint sich das Leben der pulsierenden Hauptstadt lautlos durch die Straßen zu bewegen. Die Ruhe wirkt entspannend, beruhigend. Bei nächtlich klarem Himmel sieht man die Sterne funkeln, an trüberen Tagen liegt nur das Lichtermeer der Hauptstadt von der Siegessäule über die Reichstagskuppel bis zum Potsdamer Platz dem Betrachter zu Füßen. Postkartenmotiv, einmalige Aussicht. Aber dennoch zweitrangig.

Denn hier oben gibt es noch ganz andere Dinge zu entdecken: Schöne Aussichten. Kulinarische Aussichten. Im neuen Restaurant »**Hugos**«.

Genießen Sie den Ausblick über Berlin. Einverstanden. Aber genießen Sie vor allem die kulinarische Verabredung mit Thomas Kammeier.

Vielleicht ist es das erste »Blind Date« mit seiner Kochkunst, aber mit Sicherheit nicht das letzte Treffen im »Hugos«. Denn genussreiche Ausblicke öffnen die Sinne und schaffen Weitblick. Genau das will Kammeier mit seiner Art zu kochen: Kulinarische Kompositionen kreieren, ohne dabei das Produkt aus den Augen zu verlieren; Einsicht geben ins Wesentliche und den ursprünglichen Geschmack in finessenreicher Zubereitung erhalten. Voraussetzung dafür sind Talent und ein sicheres Gespür für Produkte und Aromen-Harmonie. Und eine zuverlässige, gut ausgebildete und motivierte Küchen-Crew.

Die Messlatte hängt also hoch.

Ein Westfale in Berlin:
Thomas Kammeier genießt das Hauptstadt-Flair

Restaurant-Chef Olaf Rode
empfängt die Gäste in der 14. Etage.

Gourmet-Küche aus Leidenschaft

Aber Thomas Kammeier hat Teamgeist, ist kein introvertierter Einzelkämpfer am Herd oder unnahbarer Küchengott in weiß, der Teller absegnet und sich am Ende des Abends ohne die Spuren eines langen Arbeitstages dem Publikum zeigt.

Kammeier kocht viel zu gerne, um nicht mitten im Küchen-Geschehen zu stehen.

Ob Kochen deswegen sein **Leben** ist?

Teamarbeit ist wichtig und garantiert höchste Gaumenfreuden.

Mit Sicherheit gibt es noch andere zentrale Dinge im Leben, aber Kochen bedeutet für ihn Leidenschaft, Sinnlichkeit und vor allem Teamarbeit.

Seite an Seite mit seiner **Küchen-Crew** zwischen Pfannen und Töpfen, zwischen gut organisierten Handgriffen und angespannter Konzentration. Sich aufeinander verlassen können.

Das schweißt zusammen.

Sein Sous-Chef **Eberhard Lange** spielt dabei eine wichtige Rolle. Es sind Freunde, die morgens zusammen anfangen und abends gemeinsam aufhören. Nur in Teamarbeit funktioniert eine Gourmet-Küche.
Denn Kochen ist intensive Kopf- und Händearbeit unter Zeitdruck, mit der Präzision eines Uhrwerkes wird beste Qualität in sekundengenauem Timing auf den Tellern angerichtet.

Wenn das reibungslos funktioniert, darf man nach den Sternen greifen.

Kammeier

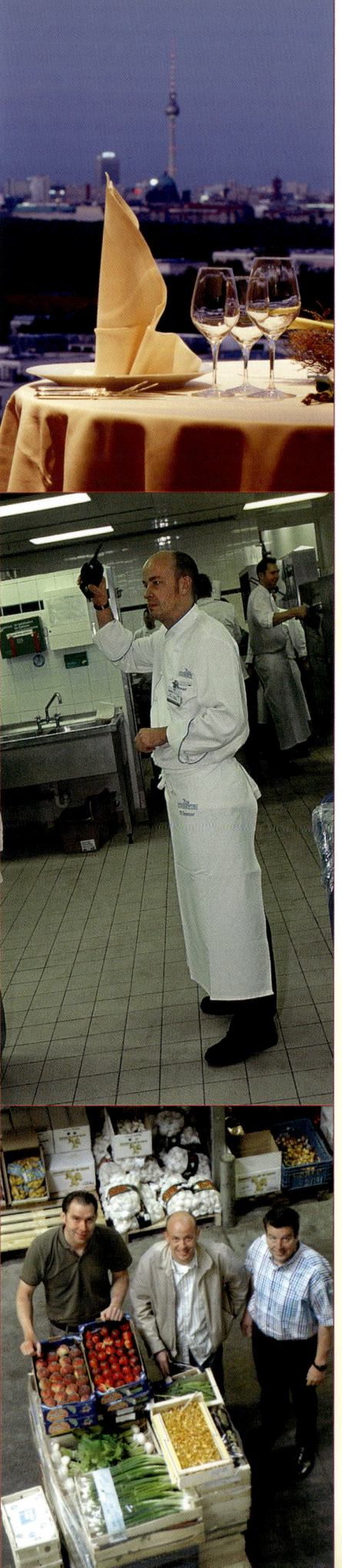

Kammeier hat schon einen.

Im November 1999 bekam er seinen ersten **Michelin-Stern**. Eine verdiente Anerkennung für Kreativität und Qualität am Herd, hinter der harte und disziplinierte Arbeit steht.

Das beste Rüstzeug für den Erfolg ist eine solide Ausbildung. Aber ohne – fast – grenzenlose Liebe zum Kochen läuft nichts von der Hand.
Wer Thomas Kammeier kennt, hat an seiner Koch-Leidenschaft nie gezweifelt.

Seine Passion für Töpfe und Pfannen hat das jüngste von drei Kindern schon früh entdeckt. Die Kochkünste der Mutter und deren Umgang mit bodenständigen unverfälschten Qualitätsprodukten waren prägend und haben das Interesse an gutem Essen geweckt. Bis zum Sterne-Koch ist es aber noch ein weiter Weg. Denn erst einmal lernt Kammeier das Bäckerhandwerk und entscheidet sich im Sommer 1988 für eine zusätzliche Kochlehre.

Die alte Leidenschaft hat gesiegt.

Kammeier tauscht Backstube gegen Küche. Und er spürt sehr schnell, dass der Beruf des Koches sehr individuelle Aufstiegsmöglichkeiten bietet, wenn man mit einer gesunden Portion Ehrgeiz an die Sache ran geht.

Erste Station nach der Ausbildung ist in Worms die »Rotisserie Dubs« von Wolfgang Dubs, den Kammeier heute als einen wichtigen kulinarischen Lehrmeister bezeichnet. Schon hier wird dem jungen Westfalen klar, was er in Zukunft auf die Teller seiner Gäste bringen möchte: unbestechliche Produkt-Qualität, aus der er eine frische und junge Küche mit harmonisch abgestimmten Geschmackserlebnissen kreiert.

Und irgendwann einmal einen Michelin-Stern an der Eingangstür zum Restaurant.

Das ist sein Ziel.

Kochen ist Leidenschaft, Talent und harte Arbeit.

Kammeiers Kochkunst setzt auf Qualität – und die fängt beim Produkt an.

Kammeier

Berliner Luft macht Appetit

Von Worms zieht es Kammeier in den Norden. Im »Landhaus Scherrer« in Hamburg wird er Sous-Chef, der zweite Mann am Herd, kocht sechs Wochen lang für die Musiker des Schleswig-Holstein-Musikfestivals, bevor er Anfang 1995 ins »Hummerstübchen« nach Düsseldorf wechselt.
Nur ein paar Jahre später lockt Berlin.

1998 wird Kammeier Küchenchef im Restaurant »Zum Hugenotten« im Hotel InterContinental Berlin, ein wichtiger Meilenstein in seiner Kochkarriere.

Jetzt kann sich der sympathische Küchenchef voll entfalten und seine kulinarischen Ideen umsetzen.

Und Kammeiers Kochstil kommt an, die Gäste des bekannten Gourmet-Restaurants sind begeistert. Aber auch die Gastronomie-Kritiker. Acht Jahre nach der Koch-Lehre gibt es den ersten Michelin-Stern. Für Thomas Kammeier und seine Crew Grund zur Freude, aber kein Grund zum Ausruhen. Denn auf den jungen Küchenchef warten neue

Nach Feierabend trifft sich die Gastro-Szene zum »Absacker«.

Akzente der besonderen Art hoch über Berlin

Schauspielerin Annabelle Mandeng gratuliert Küchenchef Thomas Kammeier zur Eröffnung des »Hugos«.

Das Hotel will mit seiner Hilfe kulinarisch noch höher hinaus und sich mit einem neuen Restaurant im wahrsten Sinne des Wortes die **Krone** aufsetzen.

Und Kammeier soll sie schmieden.

Nach acht Monaten Bauzeit ist es soweit. Aus dem »Hugenotten« ist **»Hugos«** geworden, die Equipe des Gourmet-Restaurants zieht vom Parterre in die oberste Etage. Das neue Restaurant setzt nicht nur mit seinem eleganten, extravaganten und modernen Ambiente Akzente, sondern präsentiert sich vom ersten Tag an auch kulinarisch in Bestform.

Dank Kammeier und seinem Team, zu dem auch die Service-Brigade unter Leitung von Olaf Rode gehört.

Nur wenige Monate nach Eröffnung kürt das Hamburger Gourmet-Magazin DER FEINSCHMECKER das »Hugos« zum **Restaurant des Jahres 2003**.

Bleibt da noch Zeit fürs Private?

Was macht eigentlich ein Spitzenkoch, wenn er nicht am Herd steht? Nur selten sieht man Thomas Kammeier beim geliebten Boule-Spiel oder auf seiner Motor Guzzi übers Land fahren.

Und wenn, dann haben die Touren meist einen kulinarischen Hintergrund: Winzer oder Kollegen besuchen, neue Anregungen und Ideen für die Küche finden, Inspirationen suchen, um den eigenen Stil zu erweitern.

Einfach mal schauen, welche Aussichten die Küche von morgen bringt. Kulinarisch und sinnlich betrachtet. Gute Aussichten, ganz im Sinne von Thomas Kammeier.

Die Macher des »Hugos« von links nach rechts: Küchenchef Thomas Kammeier, Fotograf Manfred Ehrich, Innenarchitekt Axel Schulschenk, Hoteldirektor Willy Weiland, Sous-Chef Eberhard Lange, Restaurantchef Olaf Rode.

# Vorspeisen

Variationen von der Gänsestopfleber

Zutaten:

Mousse 1:

100 ml Kalbsfond

5 cl Cognac

60 ml Sauternes

500 g Stopfleber

Salz, Pfeffer

Mousse 2:

100 g Stopfleber

100 ml Kalbsfond

1 EL Stärke

3 Blatt Gelatine

250 g Sahne

Salz, Pfeffer

weißer Biskuit
(Rezept s. S. 161)

Weintipp

Jurançon Doux (Süßwein)
Cuvée Thibault
Domaine Bellegarde, Monein
(Jurançon/Frankreich)

Portweingelee:

150 g Stopfleber

60 g Trüffel

375 ml Portwein

6 Blatt Gelatine

Terrine:

250 g Stopfleber

Pökelfond

reduzierter Portwein

100 g gehackte Pistazien

100 ml Sauternes

1 Blatt Gelatine

Geschmolzene und gebratene Leber:

Gänsestopfleber

Meersalz und Pfeffer

Balsamico-Kirschen
(Rezept s. S. 93)

Für die Mousse 1 die Leber putzen und durch ein Sieb streichen. Fond, Cognac und Wein erwärmen, Leber darunter rühren und abschmecken.

Für die Mousse 2 die Leber putzen und durch ein Sieb streichen. Fond erwärmen, mit etwas Stärke binden, Gelatine darin auflösen und Leber langsam einrühren. Sahne schlagen, unterheben und würzen.

Beide Mousses mit Biskuit in kleine Förmchen einschichten, mit einer Schicht Sauternesgelee bedecken und kühlen. Dann in kleine Dreiecke schneiden.

Für das Portweingelee die Gelatine im erwärmten Port auflösen, Trüffel und Leber in dünne Scheiben schneiden und im Wechsel mit Gelee in eine Cocotte einschichten und kühlen. Dann rund ausstechen.

Für die Terrine die Stopfleber putzen, über Nacht im Pökelfond einlegen, abtupfen und würzen, mit Portweinreduktion abschmecken, in eine Form einsetzen und bei 48 °C pochieren. Wenn die Leber erkaltet ist, Kugeln ausstechen, in gehackten Pistazien wälzen und auf das Sauternesgelee setzen.

Für die geschmolzene Stopfleber dünne Scheiben schneiden, mit Meersalz und Pfeffer würzen, rollen und unter dem Salamander schmelzen.

Für die gebratene Stopfleber dicke Scheiben schneiden, würzen, kross braten und mit einer Balsamico-Kirsche garnieren.

Die Leber-Variationen auf Tellern anrichten. Kleine Dreiecke aus Dörrobst im Baumkuchen in der Mitte platzieren.

Offener Ravioli mit Périgord-Trüffel

Zutaten:

200 g Nudelteig
(Rezept s. S. 161)

500 g rotschalige Kartoffeln

100 g Butter

250 g Sahne

Salz, Pfeffer, Muskat

80 g Périgord-Trüffel

100 g Trüffelsauce
(Rezept s. S. 159)

Kerbel

Nudelteig ausrollen, viereckige Nudelplatten (7 x 7 cm) ausschneiden und al dente abkochen.

Für die Kartoffelmousselines die Kartoffeln abkochen, ausdämpfen lassen und durchpressen.

Butter zu Nussbutter schmelzen, Sahne mit Gewürzen aufkochen, beides unter die Kartoffeln geben und durch ein Sieb passieren.

Einen Teil der Trüffel in feine Würfel schneiden, kurz in Butter anschwitzen und unter die Mousselines geben. Aus dem Rest der Trüffel Julienne schneiden, ebenfalls etwas in Butter anschwitzen und würzen.

Nudelplatten in tiefe Teller geben, je 1 Esslöffel Mousselines darauf geben, mit Nudelplatten bedecken, mit Trüffeljuliennes bestreuen, mit aufgeschäumter Trüffelsauce nappieren und mit Kerbel ausgarnieren.

Weintipp

Terre di Tufi
Teruzzi & Puthod, San Gimignano
(Toskana/Italien)

Vorspeisen

Langustine im Kartoffelmantel mit Auberginenkaviar und geschmolzenen Tomaten

Zutaten:

4 Langustinen (3-4er)

2 große Kartoffeln

Olivenöl

Salz, Cayenne

3 Auberginen

40 g feine Schalottenwürfel

1/2 Knoblauchzehe, fein gewürfelt

Olivenöl

je 1 TL-Spitze Rosmarin und Thymian

Salz, Pfeffer

4 Tomaten

20 g Schalottenwürfel

weißer Aceto Balsamico

200 ml Saft von pürierten, abgehangenen Tomaten

1 Blatt Gelatine

Salz, Pfeffer, Cayenne

frische Salatspitzen

Langustinenschwänze ausbrechen und den Darm ziehen. Kartoffeln schälen und auf dem Gemüsehobel zu langen Spaghetti drehen, würzen und Langustinen damit einschlagen. In reichlich Olivenöl ausbacken.

Auberginen ca. 40 Minuten bei 160 °C im Ofen garen. Auberginenmark aus der Schale nehmen. Schalotten und Knoblauch in Olivenöl anschwitzen, Auberginenmark dazugeben und garen, bis es nicht mehr so viel Wasser hat. Mit fein gehacktem Thymian und Rosmarin würzen, abschmecken.

Tomaten blanchieren, häuten, vierteln und entkernen, mit Schalotten anschwitzen, mit Balsamico würzen.

Tomatensaft erwärmen, Gelatine darin auflösen, würzen und kalt stellen.

Den Auberginenkaviar mit Salat und Tomatenvierteln auf Teller geben, Langustinenschwänze aufsetzen und aufgeschäumte Tomatensauce drumherum geben.

Weintipp

Erdener Prälat
Riesling
Weingut Dr. Loosen, Bernkastel-Kues
(Mosel-Saar-Ruwer/Deutschland)

Vorspeisen

Lachstatar mit Jacobsmuschel und zweierlei Kaviar

Zutaten:

320 g Lachsfilet

1 kleines Bund Schnittlauch

Salz, Pfeffer

Limonensaft

etwas Olivenöl

8 Jacobsmuscheln

etwas Meersalz
(Maldon Sea Salt)

120 g Imperial-Kaviar

40 g Saiblingskaviar

Crème fraîche

Salatspitzen

Lachs in Würfel, Schnittlauch in Röllchen schneiden und beides vermengen, mit Salz, Pfeffer, Limone und Olivenöl abschmecken.

Muscheln dünn aufschneiden, mit Meersalz fein würzen.

Tatar rund anrichten, Muschelscheiben darauf legen und Imperial-Kaviar aufsetzen.

Tupfer von Crème fraîche drumherum geben und darauf den Saiblingskaviar platzieren.

Mit Salatspitzen ausgarnieren.

Weintipp

Duval-Leroy Rosé (Champagner)
Duval-Leroy, Vertus
(Champagne/Frankreich)

Vorspeisen

Für das Risotto Schalotten und Knoblauch in Olivenöl glasig schwitzen, Reis und Trüffelwürfel zugeben und leicht mitschwitzen, mit Weißwein und Portwein ablöschen und unter ständigem Rühren nach und nach Geflügel- und Trüffelfond zugeben. Immer warten, bis die Flüssigkeit vom Reis aufgenommen ist, dann weiteren Fond zugießen, bis der Reis gar ist. Der Reis sollte noch einen festen Kern haben. Zum Schluss würzen und zur Lockerung etwas geschlagene Sahne zugeben.

Wachteleier kurz in Essigwasser pochieren, so dass sie noch schön weich sind.

Toastbrot in Butter goldbraun braten. Trüffelscheiben kurz im Geflügelfond blanchieren, abtupfen und auf die Toastbrotscheiben geben. Je 1 Wachtelei darauf setzen und mit Sauce Hollandaise nappieren. Mit etwas Parmesan bestreuen und unter dem Salamander gratinieren.

Trüffelwürfelchen in etwas Butter anschwitzen, mit Portwein ablöschen, reduzieren, Kalbsjus angießen, auf zwei Drittel reduzieren, mit kalter Butter binden, mit Rotweinessig würzen und abschmecken.

Je 3 Wachtelei-Croûtons und etwas Risotto auf Tellern anrichten, in die Mitte Trüffelwürfelchen und etwas Jus geben und mit Tupfern aufgeschäumter Trüffelsauce verfeinern.

Wachtelei-Croûtons mit Périgord-Trüffelrisotto

Zutaten:

1 Schalotte, gewürfelt

1 Knoblauchzehe

20 ml Olivenöl

100 g Risottoreis

50 g Périgord-Trüffelwürfel

25 ml Weißwein

25 ml weißer Portwein

ca. 250 ml Geflügelfond (Rezept s. S. 158)

50 ml Trüffelfond

etwas geschlagene Sahne

20 g Parmesan

Salz, Pfeffer

12 Wachteleier

Essig

12 ausgestochene Toastbrotscheiben

etwas Butter

12 schöne Trüffelscheiben

100 ml Geflügelfond (Rezept s. S. 158)

200 ml Sauce Hollandaise

etwas geriebener Parmesan

50 g Trüffelwürfel

etwas Butter

100 ml roter Portwein

200 ml Kalbsjus

1 Spritzer Rotweinessig

kalte Butter

Salz, Pfeffer

100 ml Trüffelsauce (Rezept s. S. 159)

Weintipp

Aurum
Grüner Veltliner
Weingut Josef Ehmoser, Tiefenthal
(Donauland/Österreich)

Vorspeisen

La Ratte-Kartoffeln in Schnittlauchrahm mit Imperial-Kaviar

Zutaten:

400 g La-Ratte-Kartoffeln

etwas Butter

Salz, Pfeffer

1 Spritzer Limonensaft

Cayenne

60 g Butter

1 Bund Schnittlauch

80 g Imperial Gold Kaviar

80 ml Fischsauce
(Rezept s. S. 159)

Kartoffeln mit Schale kochen, pellen und in gleichmäßige Scheiben schneiden. Die Scheiben in einen Topf geben, mit etwas Wasser angießen und langsam erhitzen.

Butter zugeben und mit etwas Limonensaft, Salz, Pfeffer und Cayenne würzen.

Fond abgießen, Butter zugeben, mit dem Zauberstab binden, den geschnittenen Schnittlauch und die Kartoffeln wieder zugeben.

Die Kartoffeln in tiefen Tellern anrichten, den Kaviar aufsetzen und mit Fischschaum und Schnittlauchfähnchen ausgarnieren.

Weintipp

1995 Femme Duval-Leroy
(Champagner)
Duval-Leroy, Vertus
(Champagne/Frankreich)

 ## Vorspeisen

Hummer kochen und auslösen

Für 3 Minuten in kochendes Wasser geben

Scheren unten und oben anschlagen

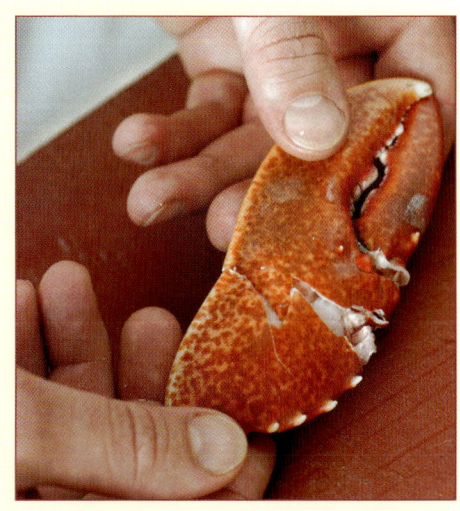

Scheren ausbrechen

Europäischen Hummer binden, damit die Schwänze gerade bleiben

Ausgelösten Schwanz in Medaillons schneiden

Vorspeisen

Bretonischer Hummer mit Zitronengras und Kopfsalatherzen

Zutaten:

2 Bretonische Hummer

1 Beutel Kamillentee

1 Kopfsalat

etwas Olivenöl

1 Limone

Salz, Pfeffer, Zucker

3 Scheiben Toastbrot

etwas Butter

150 ml Zitronengrassauce
(Rezept s. S. 160)

Blattpetersilie

Hummer ca. 3 Minuten in kochendes Kamillenwasser geben, Scheren abtrennen und 2 Minuten nachkochen, ausbrechen und portionieren.

Salat putzen, Herz heraus trennen und teilen.

Aus Olivenöl, Limonensaft, Salz, Pfeffer und Zucker eine Vinaigrette herstellen und Salatherzen damit marinieren.

Toastbrot in Würfel schneiden und in Butter braun braten.

Den Salat in tiefen Tellern anrichten, den Hummer dazusetzen, mit etwas aufgeschäumter Zitronengrassauce nappieren und mit Croûtons bestreuen. Mit Blattpetersilie ausgarnieren.

Weintipp

Grassnitzberg
Sauvignon Blanc
Weingut Tement, Berghausen
(Südsteiermark/Österreich)

 ## Vorspeisen

Gemüseomelett mit gefüllten Calamaris

Zutaten:

2 Schalotten, gewürfelt

etwas Knoblauch

etwas Olivenöl

2 Karotten, gewürfelt

100 g Erbsen

100 g Sellerie, gewürfelt

2 Kartoffeln, gewürfelt

2 Tomaten, gewürfelt

125 g Sahne

125 g Eier

Thymian, Rosmarin

Salz, Pfeffer

Cayenne

8 Calamaris

Olivenöl

1 Schalotte, gewürfelt

1 Knoblauchzehe

3 Scheiben Toastbrot

2 Tomaten, gewürfelt

1/2 EL pürierte Tomate

1/4 EL schwarze Olivenpaste

Salz, Pfeffer

Cayenne

Salatspitzen

konfierte Tomaten
(Rezept s. S. 160)

alter Aceto Balsamico

Olivenöl

50 ml Calamarisauce
(Rezept s. S. 119)

Schalotten und Knoblauch in etwas Olivenöl anschwitzen, Gemüse bis auf die Tomaten zugeben und glasig schwitzen. Dann Tomaten zugeben.

Aus Eiern und Sahne eine Royalmasse herstellen, würzen und über das Gemüse geben. Im Ofen bei 200 °C mit etwas Farbe stocken lassen.

Schalotten mit Knoblauch in etwas Olivenöl anschwitzen. Toastbrot in Würfel schneiden, in Olivenöl kross braten. Schalotten, Tomaten, Olivenpaste und Croûtons vermengen und abschmecken.

Calamaris putzen, mit der Masse füllen, mit Zahnstochern verschließen und in Olivenöl anbraten.

Das Omelett portionieren, die gefüllten Calamaris dazulegen, mit Salatspitzen und konfierten Tomaten ausgarnieren, mit Olivenöl und altem Balsamico beträufeln und mit Calamarisauce Tupfer drumherum setzen.

Weintipp

**Steinmassel
Riesling
Weingut Fred Loimer, Langenlois
(Kamptal/Österreich)**

Vorspeisen

Schaumsuppe von jungen Erbsen mit Flusskrebsen und Morcheln

Zutaten:

60 g Schalottenwürfel

40 g Selleriewürfel

40 g Lauchwürfel (nur das Weiße)

1/2 Knoblauchzehe, fein gehackt

40 g Butter

500 ml Geflügelfond (Rezept s. S. 158)

100 ml Milch

60 g Sahne

Salz, Pfeffer, Zucker, Muskat

300 g Erbsen

50 g Sahne

12 Flusskrebse

1 Beutel Kamillentee

etwas Tafelessig

12 große Morcheln

20 g Schalottenwürfel

40 g Butter

Schalotten, Sellerie, Lauch und Knoblauch in Butter glasig schwitzen, Geflügelfond zugeben und etwas köcheln lassen.

Milch und Sahne zugeben, fein pürieren, durch ein feines Sieb geben und abschmecken.

Erbsen kurz blanchieren und mit der Sahne fein pürieren. Dieses Püree unter die Suppe geben.

Flusskrebse in reichlich Kamillenwasser mit 1 Spritzer Essig abkochen und auslösen, Morcheln gründlich waschen und in einer Pfanne mit Schalotten in etwas Butter anziehen lassen.

Die Suppe in tiefe Teller geben und die Flusskrebse und Morcheln in die Mitte legen.

Weintipp

Orvieto Classico Superiore
Antinori, Florenz
(Umbrien/Italien)

Vorspeisen

Kalt geräucherter Lachs auf Auberginen-Zucchini-Salsa

Zutaten:

320 g Lachs, kalt geräuchert

60 g Schalottenwürfel

1/2 Knoblauchzehe, gewürfelt

3 EL Olivenöl

500 ml Geflügelfond
(Rezept s. S. 158)

1/2 Lorbeerblatt

2 Zucchini

2 Auberginen

1 Gewürzgurke

3 EL Olivenöl

Aceto Balsamico

1 Spritzer Limonensaft

Salz, Pfeffer, Cayenne

etwas bunter Salat

50 ml Balsamicodressing
(Rezept s. S. 160)

Olivenöl

Schalotten und Knoblauch in Olivenöl anschwitzen, mit Fond auffüllen, Lorbeerblatt zugeben und auf die Hälfte einkochen.

Zucchini, Auberginen und Gewürzgurke in Würfel schneiden, in Olivenöl anbraten, in den Fond geben und mit Balsamico und Limonensaft abschmecken, würzen und frisches Olivenöl darüber geben.

Salat mit Dressing anmachen.

Den Lachs in Scheiben schneiden, auf Tellern mit dem Gemüse anrichten, mit frischem Olivenöl beträufeln und mit Salat ausgarnieren.

Weintipp

Loibner Loibenberg
Grüner Veltliner Federspiel
Freie Weingärtner, Dürnstein
(Wachau/Österreich)

Salat von rohem Spargel mit Bretonischem Hummer

Zutaten:

2 Bretonische Hummer à 600–800 g

1 Beutel Kamillentee

800 g Bruchsaaler Spargel

Salz

Zucker

etwas weißer Pfeffer

Limonensaft

Traubenkernöl

Salatspitzen

Schnittlauch

Hummer in kochendes Kamillenwasser geben und 3 Minuten kochen, Scheren ablösen und 2 Minuten weiterkochen.

Hummer ausbrechen, den Schwanz in Medaillons schneiden.

Spargel schälen, längs dünn aufhobeln, mit Gewürzen, Öl und Limonensaft abschmecken und kurz marinieren lassen.

Den noch warmen Hummer auf dem Spargel anrichten, mit den Salatspitzen und den Schnittlauchfähnchen ausgarnieren.

Weintipp

Piesporter Goldtröpfchen
Riesling trocken
Weingut Reinhold Haart, Piesport
(Mosel-Saar-Ruwer/Deutschland)

Vorspeisen

Zutaten:

250 g Kalbsmaske

250 g Kalbsbacke

1 Kalbszunge

4 l Wasser

320 g Pökelsalz

800 g Bouquet Garni

2 Lorbeerblätter

5 Nelken

1/2 EL Koriandersaat

150 g Kalbsbries

1 Zwiebel, mit Lorbeerblatt und Nelke gespickt

180 g Périgord-Trüffel

200 ml Trüffelfond

Kalbskopfcarpaccio mit Périgord-Trüffel und Salaten

1,5 l Kalbsfond

100 g Schalottenwürfel

250 ml Kalbsjus

125 ml Aceto Balsamico

Salz, Pfeffer, Cayenne

Wurstdarm von 6 cm Durchmesser

8 junge Karotten

4 kleine Artischocken

Trüffeldressing
(Rezept s. S. 160)

etwas Salat

einige Trüffelwürfel und -scheiben

(Diese Menge reicht für ca. 12 Personen, sie hält sich 1 Woche im Kühlschrank.)

Wasser mit dem Pökelsalz versetzen und Kalbsmaske, Kalbsbacke und Kalbszunge darin 2 Tage einpökeln.

Dann aus der Pökellake heraus nehmen, mit Bouquet Garni und Gewürzen aufsetzen und langsam kochen, bis alles weich ist.

Bries 1 Tag wässern und mit der Spickzwiebel rosa kochen.

Trüffel in feine Würfel schneiden und anschwitzen, mit Trüffelfond ablöschen und etwas reduzieren.

Kalbsfond mit Schalotten stark reduzieren und passieren, Kalbsjus dazugeben.

Kalbsmaske, -zunge und -backe würfeln und Bries zupfen, Trüffelwürfel und reduzierten Kalbsfond zugeben und abschmecken, dann in den Wurstdarm füllen und ins Kühlhaus hängen.

Gemüse putzen, tournieren und blanchieren und im Trüffeldressing erwärmen.

Salate putzen und zupfen und durch etwas Dressing schwenken.

Das Fleisch fein aufschneiden, auf Tellern auslegen, mit Gemüse, Trüffelwürfelchen und -scheiben und einigen Salatspitzen ausgarnieren.

Weintipp

Maximin Grünhäuser Abtsberg
Riesling Spätlese trocken
Weingut Von Schubert, Mertesdorf
(Mosel-Saar-Ruwer/Deutschland)

Vorspeisen

Konfierte Tomaten

Tomaten blanchieren und häuten

Entkernte und in Achtel geschnittene Tomaten mit Kräutern, Olivenöl und Knoblauch und auf ein mit Backpapier ausgelegtes Blech legen

Für 40–60 Minuten bei 50°C zum Trocknen in den Ofen geben

Gemüseterrine mit eingelegten Sardinen

Zutaten:

8-12 Sardinen

Meersalz

Limonensaft

Olivenöl

1 Knoblauchzehe

je 1 Zweig Thymian und Rosmarin

Limonenabrieb

1 Stange Lauch

je 1 Zucchino, grün und gelb

je 1 Paprika, rot und gelb

1 Aubergine

100 ml Gemüsefond

2 Blatt Gelatine

Salz, Pfeffer

30 g Schalottenwürfel

1/2 Knoblauchzehe, fein gewürfelt

2 EL pürierte schwarze Oliven

1 EL Olivenöl

1 TL Aceto Balsamico

je 1 TL-Spitze Thymian und Rosmarin, fein gehackt

Salz, Pfeffer, Cayenne

Limonensaft

konfierte Tomaten (Rezept s. S. 160)

Salatspitzen

Sardinen schuppen, ausnehmen und entgräten. Für ca. 10 Minuten in Meersalz einlegen, dann ca. 5 Minuten in Limonensaft marinieren, heraus nehmen, abtupfen und in Olivenöl mit den Kräutern mindestens 1/2 Tag einlegen. (Die Menge von Salz, Limonensaft und Olivenöl ist abhängig von der Größe der Sardinen und dem Gefäß. Die Sardinen sollen leicht bedeckt sein.)

Lauch blanchieren und damit die Terrinenform auslegen, Paprika für ca. 15 Minuten bei 220 °C im Ofen backen, dann enthäuten.

Zucchini und Auberginen in Scheiben schneiden, in der Grillpfanne mit Olivenöl anbraten und auf Küchenkrepp trocken legen. Gemüsefond erwärmen, Gelatine darin auflösen.

Gemüse in die Terrinenform einschichten und jede Schicht mit Fond einstreichen. Lauchmantel schließen, Terrine leicht beschweren und gut durchkühlen lassen.

Für die Oliventapenade die Schalotten mit Knoblauch in Öl glasig schwitzen, pürierte Oliven dazugeben, mit den restlichen Zutaten verrühren.

Die Terrine portionieren, auf Tellern platzieren, die Sardinen und die konfierten Tomaten anlegen und Tapenadetupfer drumherum geben.

Mit Salatspitzen ausgarnieren.

Weintipp

Escherndorfer Lump
Silvaner Kabinett trocken
Weingut Horst Sauer, Volkach
(Franken/Deutschland)

 ## Vorspeisen

Kaltes Paprikasüppchen mit Pulposalat

Zutaten:

1 Knoblauchzehe

2 Eigelbe

80 g Olivenöl

80 g Sonnenblumenöl

160 ml Tomatensaft

140 ml Gurkensaft

190 ml Paprikasaft

1 Spritzer Rotweinessig

Salz, Pfeffer

je 70 g Sellerie, Karotte, Schalotte und Lauch (weiß)

Olivenöl

1 Knoblauchzehe

1 Lorbeerblatt

5 weiße Pfefferkörner

3 Pimentkörner

200 ml Weißwein

400 g Pulpo

100 g frische weiße Bohnen

1 Tomate

1 kleines Bund Petersilie

40 g schwarze Oliven

Fischsauce
(Rezept s. S. 159)

Salatspitzen

Mit der Knoblauchzehe einen Topf ausreiben, darin Eigelbe und Öle zu einer Mayonnaise verrühren.

Säfte damit binden und abschmecken.

Wurzelgemüse in Olivenöl anschwitzen, Gewürze zugeben, mit Weißwein ablöschen und einköcheln lassen, Pulpo zugeben und kochen, bis er weich ist. Pulpo dann in kleine Stücke schneiden.

Weiße Bohnen abkochen und häuten. Pulpo mit Bohnenkernen, gehäuteten und entkernten Tomatenstücken, gezupfter Petersilie und Oliven mischen.

Das Süppchen in tiefe Teller geben, den Salat in der Mitte platzieren, mit frischen Salatspitzen und Tupfern aufgeschäumter Fischsauce garnieren.

Weintipp

Steinbach
Weißburgunder Kabinett
Lackner-Tinnacher, Gamlitz
(Südsteiermark/Österreich)

Glasierte Gänsestopfleber mit Pattaya-Mango

Zutaten:

4 Scheiben Gänsestopfleber à 70 g

etwas Meersalz (Maldon Sea Salt)

100 ml Geflügeljus

4 Pattaya-Mangos

1 Limone

Cayenne

100 g Zucker

200 ml Wasser

30 g Glukose

Saft einer 1/2 Limette

Mangos schälen und vom Kern lösen, einen Teil davon in Würfel schneiden, den Rest im Mixer fein pürieren.

Einen kleinen Teil vom Mangopüree abnehmen und diesen mit Limonensaft und Cayenne abschmecken, so dass er eine leichte Schärfe bekommt.

Mangowürfel dazugeben und leicht erwärmen.

Für das Sorbet Zucker, Wasser und Glukose zusammen aufkochen, mit 300 ml von dem Mangopüree verrühren und mit Limettensaft abschmecken, diese Masse dann in der Sorbetmaschiene frieren.

Gänsestopfleber würzen und in der Pfanne von beiden Seiten braten, dann mit Geflügeljus glasieren.

Die Lebern mit etwas Jus auf Teller geben, je 1 Kugel Sorbet darauf setzen und Mangowürfelchen drumherum geben.

Weintipp

Piesporter Goldtröpfchen
Riesling Spätlese
Weingut Reinhold Haart, Piesport
(Mosel-Saar-Ruwer/Deutschland)

Kalte weiße Tomatensuppe mit Sardinenspieß

Zutaten:

1,2 kg reife Olivetti-Tomaten

40 g Honig

1 Zweig Basilikum

2 Eigelbe

150 ml mildes Olivenöl

weißer Aceto Balsamico

Salz, Pfeffer, Cayenne

8 Sardinenfilets

etwas Limonensaft

Meersalz

Olivenöl

8 dicke Kartoffelscheiben

8 Chorizoscheiben

1 Zweig Rosmarin

Olivenöl

konfierte Tomaten
(Rezept s. S. 160)

Tomaten waschen, Strunk entfernen und mit Honig und Basilikum in einem Mixer fein pürieren.

Auf ein Tuch geben und den Saft über Nacht abtropfen lassen.

Aus Eigelb und Olivenöl eine Mayonnaise herstellen und den Tomatensaft damit binden, würzen und mit Balsamico abschmecken.

Sardinen 10 Minuten in Meersalz legen, 10 Minuten in Limonensaft säuern und dann über Nacht in Olivenöl einlegen.

Kartoffeln und Chorizo zusammen mit Rosmarin in Olivenöl anbraten.

Kartoffel, Chorizo, Sardinen und konfierte Tomatenachtel auf einem Spieß zusammen stecken und mit Basilikumblättern ausgarnieren.

Das Süppchen in Gläser oder Schälchen füllen und mit je 2 Spießen auf Tellern platzieren.

Weintipp

Weißburgunder
Weingut Stigler, Ihringen
(Baden/Deutschland)

 *Fleischgerichte*

Brandenburger Landente mit Spitzkohl und Holunderbeeren

Zutaten:

1 Brandenburger Landente (ca. 2 kg)

Salz, Pfeffer

1 Packung Entenklein

50 ml Pflanzenöl

je 50 g Karotten-, Sellerie-, Schalotten-, Apfelwürfel

20 g Tomatenmark

1 EL Honig

100 ml Rotwein

1 l Geflügeljus

1 Zweig Thymian

Salz, Pfeffer

etwas Butter oder Stärke

400 g Holunderbeeren

100 g Zucker

500 ml Rotwein

400 ml Portwein

1 Nelke

1/4 Stange Zimt

1/2 Vanilleschote

etwas Speisestärke

1 Spitzkohl

1 Schalotte

etwas Butter

etwas Geflügelfond (Rezept s. S. 158)

Muskat, Salz, Pfeffer

Weintipp

Schönberger Rot
Weingut Günter Schönberger,
Mörbisch
(Burgenland/Österreich)

Ente gut säubern, von innen und außen salzen und pfeffern, in Form binden und auf ein Gitter legen, darunter ein tiefes Blech mit etwas Wasser füllen (dadurch qualmt es beim Bratvorgang nicht so) und bei 200 °C für ca. 60 Minuten im Ofen backen.

Für die Sauce das Entenklein in Öl anrösten, Gemüse zugeben und mitrösten, Tomatenmark zugeben und mitrösten, mit Honig karamellisieren und mit Rotwein ablöschen, mit Geflügeljus auffüllen, Thymian zugeben und köcheln lassen.
Dann passieren, abschmecken und gegebenenfalls mit etwas Stärke oder Butter binden.

Für den Holunder den Zucker karamellisieren, mit Alkohol ablöschen, Gewürze zugeben und auf ein Drittel reduzieren.

Dann Gewürze entfernen, Beeren zugeben, kurz aufstoßen lassen und im Fond erkalten lassen. Beeren heraus nehmen, Fond mit etwas Stärke binden und nochmals mit den Beeren kurz erwärmen.

Kohl putzen und schneiden, waschen und abtropfen lassen.

Schalotte fein würfeln und in Butter anschwitzen, Kohl zugeben, etwas anziehen lassen, mit Geflügelfond ablöschen, würzen und etwas Butter zugeben.

Die Ente mit dem Kohl und den Holunderbeeren auf einer Platte anrichten.

Fleischgerichte

Geschmortes Kalbsbäckchen mit Rote Bete und Périgord-Trüffel

Zutaten:

8 geputzte Kalbsbäckchen

50 ml Pflanzenöl

60 g Karottenwürfel

60 g Selleriewürfel

100 g Schalottenwürfel

60 g Lauchwürfel

1 Knoblauchzehe

150 g Tomatenwürfel

375 ml roter Portwein

375 ml Rotwein

2 Nelken

6 schwarze Pfefferkörner

1 kleiner Zweig Thymian

1 Rosmarinspitze

1 Lorbeerblatt

300 g Rote Bete, gekocht

2 Schalotten, gewürfelt

50 g Butter

100 g Sahne

Salz, Pfeffer, Muskat

80 g Rote Bete

30 g Butter

50 ml Geflügelfond (Rezept s. S. 158)

Salz, Pfeffer, Muskat

80 g Périgord-Trüffel

Butter

etwas Portwein

etwas Rotwein

200 ml Kalbsjus

kalte Butter

100 ml Trüffelsauce (Rezept s. S. 159)

Kalbsbäckchen in Öl anbraten und wieder aus dem Bräter nehmen, Gemüse hinein geben und braun rösten, zum Schluss Tomaten zugeben.

Mit Alkohol ablöschen und reduzieren, Gewürze in ein Säckchen füllen und zugeben, Bäckchen wieder einlegen und mit Wasser oder Kalbsfond auffüllen. Zugedeckt bei 150 °C im Ofen etwa 2 1/2 Stunden schmoren.

Danach die Sauce passieren, etwas reduzieren und abschmecken.

Für das Rote-Bete-Püree Schalotten in Butter anschwitzen, Sahne zugeben und mit den klein geschnittenen Rote Bete in den Mixer geben, würzen und fein laufen lassen.

Rote Bete würfeln, in Butter anziehen lassen, mit Salz, Pfeffer und wenig Muskat würzen etwas Geflügelfond zugeben.

Trüffel in Streifen schneiden, in Butter anschwitzen, mit je 1 Schuss Portwein und Rotwein ablöschen, reduzieren und mit Kalbsjus auffüllen, auf die Hälfte reduzieren, mit kalter Butter aufmontieren.

Das Püree auf Teller geben, die Bäckchen darauf setzen, Rote-Bete-Würfel dazugeben, mit Trüffelstreifen garnieren, kleine Tupfer aufgeschäumter Trüffelsauce setzen, mit Kartoffelstroh und Kerbel ausgarnieren.

Weintipp

Blaufränkisch Dürrau (Rotwein)
Weingut Weninger, Horitschon
(Mittelburgenland/Österreich)

Fleischgerichte

Getrüffelte Kalbsbriesravioli mit Rahmspinat

Zutaten:

500 g Bries

1 Zwiebel, mit Lorbeerblatt und Nelke gespickt

50 g Selleriewürfel

50 g Lauchwürfel

50 g Karottenwürfel

1 l Wasser

50 g Périgord-Trüffel

1 Stängel Petersilie

100 g Kalbsfarce (Rezept s. S. 161)

Trüffelöl

Salz, Muskat

350 g Nudelteig (Rezept s. S. 161)

1 Ei

500 g Blattspinat

1 Schalotte, gewürfelt

1 Knoblauchzehe

etwas Butter

200 g Sahne

Salz, Pfeffer, Muskat

100 g Trüffelsauce (Rezept s. S. 159)

Ihringer Winklerberg
Grauburgunder
Weingut Stigler, Ihringen
(Baden/Deutschland)

Spickzwiebel und Gemüsewürfel in Wasser geben, salzen, aufkochen und gewässertes Bries hinein geben, aufstoßen lassen und beiseite ziehen (das Bries sollte von innen noch rosa sein).

Bries in kleine Röschen zupfen und etwas putzen, Trüffel in feine Würfel schneiden, Petersilie fein hacken. Alles mit Kalbsfarce mischen und mit 1 Tropfen Trüffelöl, Salz und Muskat abschmecken.

Nudelteig dünn ausrollen, daraus Ravioli rund ausstechen, je 1 Klecks Füllung aufsetzen, Ränder mit Ei bepinseln, Deckel aufsetzen und andrücken.

Reichlich Wasser aufsetzen, salzen, 1 Schuss Olivenöl zugeben und aufkochen, Ravioli darin gar ziehen lassen.

Spinat waschen, in kochendem Wasser blanchieren, in Eiswasser abschrecken und abtropfen.

Mit der Knoblauchzehe den Topf ausreiben, Butter darin schmelzen und Schalotten glasig schwitzen. Sahne zugeben und etwas reduzieren. Zusammen mit Spinat im Mixer pürieren und abschmecken.

Das Püree in tiefe Teller geben, die Ravioli aufsetzen und mit aufgeschäumter Trüffelsauce nappieren.

Brandenburger Rehrücken mit geschmolzener Gänsestopfleber und Balsamico-Kirschen

Zutaten:

500 g Süßkirschen

50 g Zucker

100 ml Aceto Balsamico (6 Jahre alt)

500 ml Rotwein

500 ml Kirschsaft

1/4 Zimtstange

12 Korianderkörner

1/2 Vanilleschote

500 g Rehrücken

1/2 TL Koriander

1 Zweig Rosmarin

Pflanzenöl

Salz, Pfeffer

100 g Gänsestopfleber

Meersalz

2 Schalotten, gewürfelt

etwas Butter

400 g Knollenselleriewürfel

250–300 g Sahne

20 g Butter

Salz, Pfeffer

200 g Pfifferlinge

1 Schalotte

1/4 Knoblauchzehe

Olivenöl

100 ml Wildsauce

Rosmarinspitzen

Kirschen waschen (Stiel nach Wunsch daran lassen), entkernen und in ein sauber gespültes Einweckglas einfüllen.

Zucker karamellisieren, mit Balsamico ablöschen und etwas reduzieren, restliche Zutaten zugeben und auf 600 ml reduzieren, passieren und noch heiß auf die Kirschen geben. Das Glas verschließen und 15–20 Minuten einkochen.

Rehrücken in Öl anbraten und mit angedrückten Korianderkörnern und Rosmarin in etwas Butter im Ofen bei 200 °C rosa braten und ruhen lassen.

Rücken portionieren, mit dünnen Scheiben Gänsestopfleber belegen, mit etwas Meersalz würzen und kurz unter den Salamander stellen.

Für das Püree Schalotten in Butter anschwitzen, Sellerie zugeben und mit Sahne auffüllen. Weich kochen, passieren und in den Mixer geben, je nach Konsistenz etwas Sahne zugeben und abschmecken.

Pfifferlinge waschen, putzen und in Olivenöl anbraten, fein gewürfelte Schalotten und angedrückten Knoblauch zugeben, abschmecken.

Das Püree auf Tellern anrichten, den Rehrücken darauf platzieren, Kirschen und Pfifferlinge dazugeben und mit etwas Wildsauce umgießen, mit Rosmarinspitzen ausgarnieren.

Weintipp

Höllenberg
Spätburgunder Alte Reben
Weingut Johanninger, Biebelsheim
(Rheinhessen/Deutschland)

 *Fleischgerichte*

Glasiertes Kalbsbries mit Kartoffelpüree und Rotweinschalotten

Zutaten:

400 g Kalbsbries

1 Zwiebel, mit Lorbeerblatt und Nelke gespickt

Salz

40 g Butter

1 Zweig Rosmarin

6 cl Portwein

50 ml Kalbsjus

Salz, Pfeffer

12 Schalotten

2 EL Zucker

300 ml roter Portwein

300 ml Rotwein

1 Knoblauchzehe

1 Zweig Thymian

1 Zweig Rosmarin

1 Lorbeerblatt

100 ml Kalbsjus

kalte Butter

Salz, Pfeffer

Cayenne

500 g Kartoffeln

200 g Sahne

100 g Butter

Salz, Pfeffer

etwas Muskat

80 ml weiße Pfeffersauce (Rezept s. S. 159)

 *Weintipp*

Château de Selle (Roséwein)
Domaines Ott, Le Castellet
(Côtes de Provence/Frankreich)

Spickzwiebel in Wasser geben, mit Salz würzen, aufkochen und gewässertes Bries hineingeben, aufstoßen lassen und beiseite ziehen (das Bries sollte von innen noch rosa sein).

Bries portionieren und etwas putzen, dann in der Pfanne in Butter anbraten, Rosmarin zugeben, mit Portwein ablöschen, mit etwas Kalbsjus glasieren und würzen.

Schalotten schälen und in Zucker karamellisieren, mit dem Alkohol auffüllen, angedrückte Knoblauchzehe und Gewürze zugeben, mit Kalbsjus aufgießen, einköcheln lassen, bis die Schalotten gar sind, und mit kalter Butter binden, abschmecken.

Kartoffeln schälen, kochen, ausdämpfen und mit dem Sahne-Butter-Gemisch ein Püree herstellen, würzen.

Das Püree auf Teller geben, das Bries darauf setzen, Schalotten mit etwas Sauce dazugeben, mit etwas aufgeschäumter Pfeffersauce garnieren.

 # Fleischgerichte

Lammrücken vorbereiten

Rücken rechts und links von der Wirbelsäule ablösen

Mit dem Messer die Knochenhaut aufschneiden

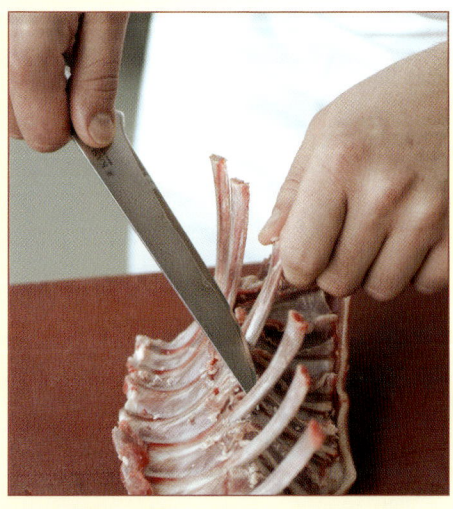

Knochen frei legen und sauber putzen

Lammrücken vom Hof Müritz

Mit Knoblauch, Rosmarin und Thymian und Olivenöl auf der Fettseite anbraten

Fleischgerichte

Lammrücken vom Hof Müritz auf warmem Bohnen-Oliven-Salat

Zutaten:

2 Lammcarrées

Olivenöl

je 1 Zweig Rosmarin und Thymian

1 Knoblauchzehe, angedrückt

500 ml Geflügelfond (Rezept s. S. 158)

3 Schalotten

2 Knoblauchzehen

Olivenöl

40 g rote Paprika, enthäutet und gewürfelt

je 70 g Borlettibohnen, Dicke Bohnen und Schneidebohnen, geputzt und blanchiert

je 20 g grüne und schwarze Oliven

1 Zweig Thymian

4–5 Rosmarinnadeln

1 Spritzer Rotweinessig

etwas Olivenöl und Butter

Salz, Pfeffer

100 ml Lammjus

Basilikumpesto (Rezept s. S. 160)

Lamm in Öl anbraten, Öl abschütten und frisches Olivenöl, Rosmarin, Thymian und Knoblauch zugeben und auf der Fettseite im Ofen bei 200 °C in 7–8 Minuten rosa braten.

Geflügelfond mit 2 gewürfelten Schalotten und 1 gehackten Knoblauchzehe auf 100 ml reduzieren.

1 gewürfelte Schalotte und 1 angedrückte Knoblauchzehe in Öl anschwitzen, Paprika zugeben und mitschwitzen. Dann Bohnen, Oliven und reduzierten Geflügelfond zugeben und mit 1 Schuss Olivenöl und etwas Butter binden. Fein geschnittene Kräuter zugeben und mit Rotweinessig, Salz und Pfeffer abschmecken.

Das Lamm auf dem Gemüse anrichten, mit Lammjus und Basilikumpesto umgießen.

Weintipp

Riede Hedwigsdorf
Zweigelt (Rotwein)
Weingut Sepp Moser,
Rohrendorf bei Krems
(Kremstal/Österreich)

Fleischgerichte

Strudel von der Wachtel mit Gänsestopfleber und Pfifferlingen

Zutaten:

4 Wachteln

80 g Spinat

120 g Gänsestopfleber

100 g Wachtelfarce
(Rezept s. S. 161)

1 Paket Strudelteig (TK-Ware)

Salz, Pfeffer

1 Ei

2 Pfirsiche

30 g Butter

30 g Zucker

6 cl Pfirsichlikör

200 g Pfifferlinge

20 g Schalottenwürfel

Salz, Pfeffer

etwas Weißwein

80 ml Geflügeljus

Wachteln auslösen, Haut von den Brüsten entfernen und Brüste leicht plattieren. Spinat blanchieren und die Blätter auf einem Tuch ausbreiten.

Stopfleber portionieren, dünn mit Farce einstreichen und mit Spinatblättern umwickeln.

Strudelteig ausbreiten, dünn mit Farce bestreichen, eine Wachtelbrust auflegen und dünn mit Farce bestreichen. Stopfleber auf die Brust legen, die zweite Brust auflegen und dünn mit Farce bestreichen. Teig zum Päckchen wickeln, mit Ei bestreichen und für 7–8 Minuten bei 220 °C in den Ofen geben.

Pfirsiche in Spalten schneiden, etwas Zucker mit Butter karamellisieren, Spalten dazugeben, mit Pfirsichlikör ablöschen und al dente garen.

Pfifferlinge putzen, waschen und in etwas Butter anbraten, Schalotten zugeben, würzen und mit 1 Schuss Weißwein ablöschen.

Die Pfirsiche mit den Pfifferlingen auf Tellern anrichten, die Strudelpäckchen aufschneiden und darauf platzieren, mit etwas Geflügeljus beträufeln.

Weintipp

Gelber Muskateller
Weingut Erich & Walter Polz,
Spielfeld
(Südsteiermark/Österreich)

Fleischgerichte

Kalbstafelspitz 24 Stunden gegart mit Spargel und Périgord-Trüffel

Zutaten:

1 Kalbstafelspitz

1 Lorbeerblatt

Salz, Pfeffer

250 g Butter

7 g Salz-Peffer-Gemisch

4 Eigelbe

100 g Trüffel, püriert

70 g Trüffel, gewürfelt

50 g Mie de Pain

Cayenne

1 Bund weißer Spargel

1/2 Bund grüner Spargel

etwas Butter

etwas Sahne

Limonensaft

Salz

Schnittlauchröllchen

2 große Kartoffeln

etwas Öl

Salz, Pfeffer

100 ml Kalbsjus

Tafelspitz würzen, anbraten und mit Lorbeerblatt in einen Vakuumbeutel geben, verschließen und 24 Stunden bei 70 °C in den Backofen geben.

Für die Trüffelkruste Butter mit Gewürzen weiß aufschlagen, Eigelbe nach und nach unterziehen, restliche Zutaten unterrühren, mit Cayenne abschmecken.

Tafelspitz portionieren, mit Trüffelkruste belegen und unter dem Salamander bräunen.

Spargel schälen, kochen und die Spitzen abschneiden, den Rest schräg in Scheiben schneiden, in Butter schwenken, etwas Sahne zugeben, würzen und den Schnittlauch zugeben.

Kartoffeln in Würfel schneiden, in Öl rösten und würzen.

Das Fleisch auf Teller geben, Spargel und Kartoffeln dazulegen und mit Kalbsjus umgießen.

Weintipp

St. Laurent (Rotwein)
Weingut Weninger, Horitschon
(Mittelburgenland/Österreich)

Fleischgerichte

Krosser Jungschweinebauch auf mallorquinische Art

Beim Schweinebauch die Schwarte einschneiden, Gewürze in der Moulinette fein laufen lassen und den Bauch damit würzen.

Orangen in Scheiben schneiden, auf ein Blech legen, Bauch darauf geben und mit Orangenscheiben abdecken. Ein Blech darauf geben, beschweren und 24 Stunden kalt stellen.

Dann den Bauch aus der Marinade nehmen, Orangen entfernen und Bauch auf der Hautseite in Öl schön kross braten, abgießen und in Olivenöl nachbraten.

Fenchel in Scheiben schneiden und in etwas Knoblauchbutter braten, Orangen filetieren und zum Schluss zugeben, mit etwas Orangensaft ablöschen.

Für die Sauce etwas Kalbsjus mit Kümmel, fein gehacktem Knoblauch und Schalotten sowie Lorbeerblatt verfeinern.

Den Bauch portionieren, auf Tellern anrichten, Fenchelgemüse dazugeben und mit Sauce umgießen. Mit halbierten, in Butter geschwenkten Mini-Fenchel ausgarnieren.

Zutaten:

1 Jungschweinebauch

20 g Pökelsalz

20 g Salz

1 TL Fenchelsaat

1 TL-Spitze Kümmel

je 7 g weißer und schwarzer Pfeffer

1 Lorbeerblatt

1 Knoblauchzehe

5 Orangen, unbehandelt

Pflanzenöl, Olivenöl

2 Fenchel

Knoblauchbutter

4 Orangen

Orangensaft

Salz, Pfeffer und Fenchel aus der Mühle

400 ml Kalbsjus

1 TL-Spitze Kümmel

1 Knoblauchzehe

3 Schalotten

1 Lorbeerblatt

4 Mini-Fenchel

etwas Butter

Weintipp

Grauburgunder Alte Reben
Weingut Johanninger, Biebelsheim
(Rheinhessen/Deutschland)

Weintipp

Bourgogne (Rotwein)
Leroy, Auxey-Duresses
(Burgund/Frankreich)

Taube mit Karottenpüree und schwarzen Walnüssen

Zutaten:

2 Tauben

1 Lorbeerblatt

je 1 Zweig Rosmarin und Thymian

100 ml Geflügeljus

4 schwarze Walnüsse

etwas Zucker

Portwein

1 Spritzer Rotweinessig

500 g Karotten

1 Schalotte

50 g Butter

100 ml Geflügelfond (Rezept s. S. 158)

500 g Sahne

Salz, Pfeffer

etwas Muskat

50 ml weiße Pfeffersauce (Rezept s. S. 159)

Tauben würzen, mit den Kräutern füllen, in Form binden und in Pflanzenöl rundherum braun anbraten. Im Ofen bei 200 °C etwa 8 Minuten braten und ruhen lassen.

Schenkel abtrennen und Unterschenkelknochen auslösen, im Jus warm legen und Brust fein aufschneiden.

Walnüsse in Scheiben schneiden, in Zucker karamellisieren, mit 1 Schuss Portwein ablöschen und etwas reduzieren, mit Rotweinessig würzen.

Karotten schälen und in feine Würfel von etwa 0,5 cm Kantenlänge schneiden. Schalotte schälen, in feine Würfel schneiden und in der Butter glasig schwitzen, Karotten zugeben und etwas mitschwitzen.

Mit Geflügelfond ablöschen, würzen und reduzieren. Mit Sahne auffüllen und Karotten darin weich kochen. Dann Karotten auf ein Sieb geben, etwas abtropfen lassen, in den Mixer geben, etwas von der Sahne zugeben und sehr fein pürieren, je nach Konsistenz noch Sahne zugeben.

Das Püree auf Teller geben, Fleisch auflegen, einige Nüsse dazugeben und mit Geflügeljus und Pfeffersauce umträufeln.

# *Fischgerichte*

Rotbarbe auf der Haut gebraten mit Dicken Bohnen

Zutaten:

4 Rotbarbenfilets

etwas Olivenöl

1 Zweig Rosmarin

1 Knoblauchzehe

320 g Dicke Bohnen, blanchiert

1 Knoblauchzehe

20 g Schalottenwürfel

Olivenöl

50 ml Geflügelfond (Rezept s. S. 158)

2 Tomaten

etwas Thymian

Salz, Pfeffer

Olivenöl, etwas Butter

100 ml Fischsauce (Rezept s. S. 159)

1 Zweig Thymian

Aceto Balsamico

Den Topf mit einer Knoblauchzehe ausreiben. Schalottenwürfel in Olivenöl anschwitzen, Bohnenkerne zugeben und mit etwas Fond durchschwenken.

Geschälte, geachtelte Tomaten zugeben und würzen. Etwas gezupften Thymian zugeben und den Fond mit Olivenöl und etwas Butter binden.

Thymianzweig in der Fischsauce ziehen lassen, so dass die Sauce einen feinen Thymiangeschmack bekommt, zum Schluss 1 Spritzer Balsamico zugeben.

Rotbarbe heiß in Olivenöl nur auf der Hautseite braten, Rosmarinzweig und angedrückten Knoblauch zugeben, Öl abgießen und in etwas frischem Olivenöl nachbraten.

Das Bohnen-Tomaten-Gemüse auf Tellern anrichten, die Fischfilets auflegen und mit aufgeschäumter Fischsauce umgießen, mit Rosmarinzweigen ausgarnieren.

Weintipp

O.T. (Weißwein)
Weingut Velich, Apetlon
(Neusiedlersee/Österreich)

Fischgerichte

St. Pierre auf mediterrane Art

Zutaten:

600 g St. Pierrefilet

1 TL gemahlene Fenchelsamen

Salz, Pfeffer

Olivenöl

etwas Thymian

1 Knoblauchzehe

8 junge Fenchel

4 kleine Artischocken

Nizza-Oliven

1 Zweig Thymian

konfierte Tomaten
(Rezept s. S. 160)

100 ml Tomatensauce
(Rezept s. S. 158)

alter Aceto Balsamico

Olivenöl

Parmesanhippen
(Rezept s. S. 161)

Haut vom St. Pierrefilet einschneiden, das Filet mit einer Salz-Pfeffer-Fenchel-Mischung würzen, auf der Hautseite in Olivenöl braten, abgießen und mit frischem Olivenöl, Thymian und dem angedrückten Knoblauch nachbraten.

Fenchel und Artischocken putzen, Fenchel halbieren, Artischockenböden in Tortenstücke schneiden, beides in Olivenöl anbraten, Oliven halbieren und zugeben, etwas gezupften Thymian darüber geben.

Tomaten mit Olivenöl unter dem Salamander warm machen.

Einen Spiegel aus Tomatensauce auf Teller geben, das Gemüse darauf anrichten, den Fisch anlegen, mit Balsamico umgießen und mit Parmesanhippe und Thymianspitzen ausgarnieren.

Weintipp

Grüner Veltliner Spiegel
Weingut Fred Loimer, Langenlois
(Kamptal/Österreich)

Fischgerichte

Seesaibling mit Wildkräutersalat und Kartoffel-Limonen-Mousselines

Zutaten:

4 Saiblingfilets à 80 g

Olivenöl

Salz, Cayenne

800 g Kartoffeln

1 Zitronengrasstängel

2 Limonenblätter

250 g Sahne

Limonenabrieb

etwas Butter

150 g Wildkräutermischung

400 ml Balsamicodressing
(Rezept s. S. 160)

150 g Zucker

200 ml Wasser

1 Limone

80 ml Fischsauce
(Rezept s. S. 159)

Saibling auf der Haut in Olivenöl in der Pfanne glasig braten.

Geschälte Kartoffeln mit Zitronengras und Limonenblättern weich kochen, ausdämpfen lassen und durch die Kartoffelpresse geben.

Sahne aufkochen, zu den Kartoffeln geben, abschmecken und durch ein Sieb streichen, Limonenabrieb und etwas Butter unterrühren.

Mit dem Balsamicodressing die Wildkräutermischung anmachen.

Limone dünn aufschneiden, kurz in Läuterzucker blanchieren und dann bei 50 °C im Ofen trocknen.

Den Fisch auf Tellern anrichten, je 1 Nocke Mousseline und etwas Salat dazulegen, etwas Dressing drumherum träufeln, mit Fischsauce umgießen und mit 1 Limonenscheibe ausgarnieren.

Weintipp

Pündericher Marienberg
Riesling Kabinett trocken
Weingut Clemens Busch,
Pünderich
(Mosel-Saar-Ruwer/Deutschland)

Jacobsmuschel mit jungen Erbsen und Madrascurry

Zutaten:

8 Jacobsmuscheln mit Schale

Olivenöl

Salz, Cayenne

300 g Erbsen

3 Schalotten, gewürfelt

30 g Butter

150 g Sahne

2 EL Stärke

Salz, Pfeffer, Limonensaft

120 g Erbsen

30 g Butter

40 ml Geflügelfond
(Rezept s. S. 158)

Salz, Pfeffer, Limonensaft

80 g Erbsensprossen

etwas Butter

etwas Geflügelfond

Salz

100 ml Madrascurrysauce
(Rezept s. S. 159)

Curryhippen
(Rezept s. S. 161)

Für das Püree Schalotten in Butter glasig dünsten, mit Sahne auffüllen, Erbsen dazugeben und weich kochen. Passieren, mit etwas Stärke binden, pürieren und abschmecken.

Erbsen blanchieren, mit Butter und Fond glasieren und würzen. Sprossen putzen und ebenfalls in etwas Butter und Fond glasieren.

Muscheln ausbrechen, putzen, würzen und in Olivenöl beidseitig kurz anbraten, so dass sie Farbe nehmen.

Das Erbsenpüree in Teller geben, je 2 Muscheln darauf platzieren, Erbsen und Sprossen darauf verteilen, mit Madrascurrysauce umgießen und mit je 1 Curryhippe ausgarnieren.

Weintipp

Hohenberg
Grüner Veltliner
Weingut Josef Ehmoser, Tiefenthal
(Donauland/Österreich)

Zutaten:

200 g Nudelteig
(Rezept s. S. 161)

Olivenöl

80 g Calamaris

80 g Sepia

4 Jacobsmuscheln

4 Wildgarnelen

50 ml Olivenöl

2 Tomaten, geachtelt

2 Stangen Frühlingslauch, in Ringen

Basilikum

100 g Krustentierfond
(Rezept s. S. 158)

Salz, Pfeffer, Cayenne

Limonensaft

80 g Calamarisauce
(Rezept s. S. 119)

Basilikumblätter

Hausgemachte Nudeln mit Meeresfrüchten

Teig ausrollen und breite Nudeln davon fertigen, al dente abkochen und auf der Tischplatte mit etwas Olivenöl beträufelt abkühlen lassen. (Nicht mit Wasser abspülen oder in Wasser abkühlen lassen.)

Calamaris und Sepia putzen und in Ringe schneiden, Jacobsmuscheln ausbrechen, putzen und dritteln, Garnelen schälen und halbieren.

Meeresfrüchte in der Pfanne in Öl anziehen lassen, Gemüse zugeben und mit etwas Fond ablöschen. Nudeln zugeben, würzen und durchschwenken.

Alles in tiefen Tellern anrichten, etwas Calamarisauce drumherum geben und mit Basilikumblättern ausgarnieren.

Weintipp

Ried Welles
Sauvignon Blanc
Weingut Lackner-Tinnacher,
Gamlitz
(Südsteiermark/Österreich)

Meeresfrüchterisotto mit Seeteufel

Zutaten:

4 Seeteufelmedaillons

50 ml Olivenöl

Salz, Cayenne

1 Zweig Thymian

100 g Risottoreis

60 g Schalottenwürfel

1/2 Knoblauchzehe, gewürfelt

1 TL-Spitze Safranpulver

50 ml Olivenöl

150 ml Krustentierfond
(Rezept s. S. 158)

150 ml Gemüsefond

40 g Butter

30 g geriebener Parmesan

100 g Calamaris

120 g Muscheln, ohne Schale
(Venus oder Palourde)

300 g Calamaris

1 Flasche Rotwein

120 g Schalottenwürfel

3 Knoblauchzehen, gewürfelt

Olivenöl

1/2 EL Tomatenmark

200 g Tomatenwürfel

1/2 Chilischote

1 Lorbeerblatt

10 weiße Pfefferkörner

1 Wacholderbeere

3 Päckchen Calamarifarbe

200 ml reduzierter Fischfond
(Rezept s. S. 158)

1 Stängel Estragon

Olivenöl

50 ml Fischsauce
(Rezept s. S. 159)

Parmesanhippen
(Rezept s. S. 161)

Für das Risotto Schalotten und Knoblauch in Olivenöl anschwitzen, Reis kurz mitschwitzen, Safran zugeben und unter ständigem Rühren beide Fonds nach und nach angießen. Immer warten, bis die Flüssigkeit vom Reis aufgenommen ist, dann weiteren Fond zugießen, bis der Reis gar ist. Der Reis sollte noch einen festen Kern haben.

Zum Schluss Butter und Parmesan zufügen, die kurz und heiß gebratenen Calamaris dazugeben und Muscheln unterrühren.

Für die Sauce die Calamaris über Nacht im Rotwein marinieren.

Schalotten und Knoblauch in Olivenöl anschwitzen, Tomatenmark zugeben und mitrösten, nach und nach mit dem passierten Rotwein ablöschen, restliche Zutaten und Calamaris zugeben und reduzieren, in den Rotor geben, passieren und mit etwas Olivenöl binden.

Seeteufel würzen, in Öl mit Thymian braten.

Das Risotto in tiefe Teller geben, die Seeteufelstücke darauf setzen, mit aufgeschäumter Fischsauce umgießen und mit Calamarisauce Tupfer setzen, mit Parmesanhippen ausgarnieren.

Weintipp

Pettenthal
Riesling Spätlese trocken
Weingut Sankt Antony, Nierstein
(Rheinhessen/Deutschland)

Fischgerichte

Mein Fischeintopf mit Safran-Knoblauch-Mayonnaise

Zutaten:

500 g Fisch (je nach Marktangebot)

1 Knoblauchzehe

10 Safranfäden

50 ml Olivenöl

60 g Sellerierauten

60 g Karottenrauten

50 g Fenchelrauten

50 g Lauchrauten

300 ml Geflügelfond (Rezept s. S. 158)

400 ml Krustentierfond (Rezept s. S. 158)

400 ml Tomatensauce (Rezept s. S. 158)

Pfeffer, Salz, Limonensaft

60 g Tomaten-Halbmonde

30 g junger Lauch, in Scheiben

Cayenne

4 Blätter Basilikum

2 Zweige Petersilie

1 Staudensellerie (nur das helle Grün)

1/2 Knoblauchzehe

etwas Safranpulver

50 ml trockener Weißwein

3 Eigelbe

100 ml Olivenöl

200 ml Sonnenblumenöl

Salz, Pfeffer, Cayenne

Limonensaft

Knoblauch in feine Scheiben schneiden und zusammen mit Safran in Olivenöl farblos anschwitzen, Gemüserauten zugeben und mitschwitzen.

Mit beiden Fonds und Tomatensauce ablöschen und einmal kurz aufstoßen lassen.

Fisch würzen, zugeben und langsam darin ziehen lassen. Gleichzeitig Tomaten und jungen Lauch zugeben.

Suppe nochmals kurz aufstoßen lassen, mit Gewürzen abschmecken und zum Schluss frisch geschnittene Kräuter zugeben.

Für die Mayonnaise Knoblauch mit etwas Salz zerdrücken, in etwas Olivenöl anschwitzen, Safranpulver zugeben und mit Weißwein ablöschen. Etwas reduzieren, dann durch ein Sieb geben, Fond erkalten lassen.

Dann zu den Eigelben geben und in feinem Strahl unter ständigem Schlagen die Öle zugießen, abschmecken.

Weintipp

Silvaner Alte Reben
Weingut Johanninger, Biebelsheim
(Rheinhessen/Deutschland)

 Fischgerichte

Seezungenfilets und Flusskrebse mit Kohlrabi und Périgord-Trüffel

Zutaten:

12 Flusskrebse

1 Beutel Kamillentee

etwas Tafelessig

100 ml Trüffelsauce
(Rezept s. S. 159)

400 g Seezungenfilets

30 g Butter

50 ml Fischfond
(Rezept s. S. 158)

3 Kohlrabi

30 g Butter

50 ml Geflügelfond
(Rezept s. S. 158)

Salz, Pfeffer, Cayenne

Muskat

Kerbel

Flusskrebse in reichlich kochendem Kamillenwasser und 1 Spritzer Essig (der verhindert, dass die Krebse nach dem Kochen schwarz anlaufen) 4–5 Minuten abkochen.

Scheren und Schwänze ausbrechen und bei den Schwänzen den Darm entfernen.

Kohlrabi vom unteren Wurzelansatz befreien und in Tortenstücke schneiden. Schale vorsichtig abziehen und die Stücke tournieren.

In kochendem Wasser blanchieren und in Eis abschrecken (das erhält die schöne grüne Färbung am Rand).

Kohlrabi in etwas Butter andünsten, Fond zugießen und warm ziehen lassen, ganz leicht mit Salz und wenig Muskat würzen, zum Schluss gehackten Kerbel zugeben.

Seezunge in gleichmäßige Stücke schneiden und mit etwas Butter und Fischfond pochieren.

Krebse in der Trüffelsauce warm ziehen lassen.

Die Seezunge mit den Krebsen in tiefen Tellern anrichten, Kohlrabihalbmonde dazulegen und mit Kerbelblättchen ausgarnieren.

Weintipp

Riesling Schieferterrassen
Weingut Heymann-Löwenstein,
Winningen (Mosel-Saar-Ruwer/
Deutschland)

Gebratener Rochenflügel mit Kapern und Limonen

Zutaten:

1 kg Rochenflügel

etwas Mehl

50 ml Olivenöl

1 Zweig Rosmarin

1 Knoblauchzehe

2 reife Limonen

50 ml Olivenöl

40 g eingelegte Kapern

Meersalz

20 g Schalottenwürfel

120 g Tomatenwürfel

1 Frühlingszwiebel

1 Stängel Petersilie

4 Fenchelscheiben

1 EL Olivenöl

8 Kapernäpfel

Salz, Pfeffer, Cayenne

100 ml Tomatensauce (Rezept s. S. 158)

alter Aceto Balsamico

Rochenflügel vom Fischändler filetieren oder portionieren lassen, würzen und mehlieren (dann wird er schön kross beim Braten) und in Olivenöl anbraten, dann mit Rosmarin und angedrücktem Knoblauch in frischem Öl nachbraten.

Limonen filetieren und in Olivenöl warm legen, einen Teil der eingelegten Kapern frittieren und mit Meersalz würzen.

Schalottenwürfel in Olivenöl glasig schwitzen, Tomatenwürfel zugeben, Frühlingszwiebel in feine Scheiben schneiden und ebenfalls zugeben, alles kurz anschwenken und würzen, fein geschnittene Petersilie zugeben.

Fenchelscheiben in Olivenöl goldbraun braten und würzen.

Die Rochenflügel auf flachen Tellern anrichten, Gemüse drumherum geben, frittierte Kapern darüber streuen, die erwärmten und halbierten Kapernäpfel, Fenchelscheiben und Limonenfilets anlegen, mit Tomatensauce und Balsamico umträufeln.

Weintipp

Loibner Loibenberg
Riesling Smaragd
Freie Weingärtner, Dürnstein
(Wachau/Österreich)

Fischgerichte

Jacobsmuschel mit Walnusskruste und Blumenkohl

Zutaten:

4 große Jacobsmuscheln

Olivenöl

250 g Butter

2 EL Walnussöl

7 g Salz-Pfeffer-Gemisch

4 Eigelbe

170 g gehackte Walnüsse

50 g Mie de Pain

5 Schalotten

3 Knoblauchzehen

1 Lorbeerblatt

20 g Butter

150 g Walnüsse

550 ml Sherry

1 l Geflügelfond
(Rezept s. S. 158)

Butter

Crème fraîche

Walnussöl

1 Spritzer Rotweinessig

Salz, Pfeffer, Cayenne

1 Schalotte

1 Blumenkohl

250-300 g Sahne

Salz, Pfeffer

Muskat

etwas Kerbel

Weintipp

Weißburgunder Kabinett trocken
Weingut Schloss Proschwitz, Meißen
(Sachsen/Deutschland)

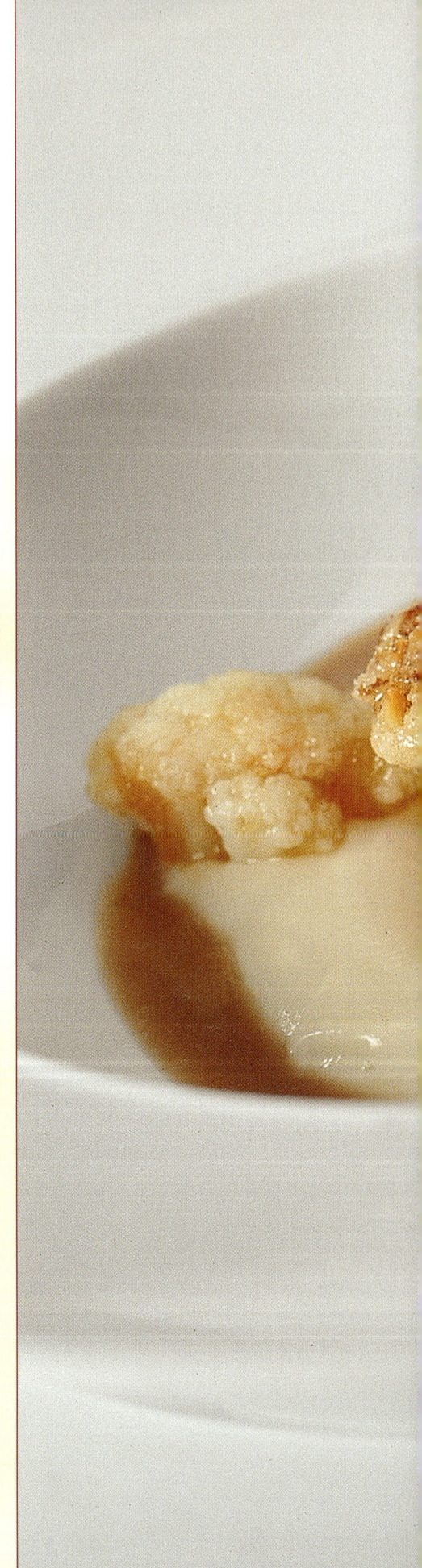

Für die Walnusskruste Butter mit Öl und den Gewürzen weiß aufschlagen, Eigelbe nach und nach zugeben, Nüsse und Mie de Pain unterheben und kühl stellen. Jacobsmuscheln in Öl anbraten, mit der Walussbutter belegen und unter dem Salamander bräunen.

Für die Sauce Schalotten, Knoblauch und Nüsse klein hacken und in etwas Butter anschwitzen, mit Sherry ablöschen und reduzieren, mit Geflügelfond auffüllen und wieder reduzieren.

Fond passieren und mit etwas Butter, Crème fraîche und Walnussöl binden, mit Essig und den Gewürzen abschmecken.

Für das Blumenkohlpüree Schalotten würfeln, in etwas Butter anschwitzen, Blumenkohl in Röschen teilen, 12 Röschen beiseite legen, Rest zu den Schalotten geben und etwas mitschwitzen, mit Sahne auffüllen und weich kochen.

Alles in den Mixer geben, fein laufen lassen und würzen. Die 12 Röschen al dente blanchieren.

Das Püree in tiefe Teller geben, die Jacobsmuscheln aufsetzen, mit Röschen umlegen und mit Sauce umgießen, mit Kerbelblättchen ausgarnieren.

Fischgerichte

Bärlauchrisotto mit gebratener Rotbarbe

Zutaten:

4 Rotbarben à 200 g

50 ml Öl

Salz, Cayenne

1 Schalotte

1 Knoblauchzehe

50 ml Olivenöl

100 g Risottoreis

50 ml Weißwein

ca. 300 ml Geflügelfond
(Rezept s. S. 158)

1 Bund Bärlauch

100 g Butter

20 g Parmesan

1 EL geschlagene Sahne

Salz, Pfeffer

50 ml Fischsauce
(Rezept s. S. 158)

einige Tomatenwürfel

Für das Risotto Schalotte und Knoblauch schälen, in feine Würfel schneiden und in Olivenöl anschwitzen.

Reis zugeben und kurz mitschwitzen, mit Weißwein ablöschen, dann unter ständigem Rühren nach und nach den Fond zugießen. Immer warten, bis die Flüssigkeit vom Reis aufgenommen ist, dann weiteren Fond zugießen, bis der Reis gar ist. Der Reis sollte noch einen festen Kern haben.

Für die Bärlauchbutter Butter schmelzen, mit Bärlauch im Mixer fein pürieren und durch ein Sieb streichen. Nach Geschmack zum Risotto geben, würzen und mit Parmesan abschmecken. Zur Lockerung etwas Sahne zugeben.

Rotbarben schuppen, ausnehmen, waschen und filetieren. Rotbarben würzen und auf der Hautseite in Öl kross braten.

Das Risotto auf Tellern verteilen, die Rotbarben darüber legen, mit etwas aufgeschäumter Fischsauce umgießen, mit frittierten Bärlauchblättern und Tomatenwürfelchen ausgarnieren.

Weintipp

Chardonnay Tiglat
Weingut Velich, Apetlon
(Neusiedlersee/Österreich)

Atlantik-Steinbutt mit jungem Knoblauch

Zutaten:

4 Steinbuttfilets à 150 g

50 ml Olivenöl

1 Zweig Rosmarin

1 Knoblauchzehe

500 g rotschalige Kartoffeln

3 Knoblauchzehen

50 g Schalottenwürfel

30 ml Olivenöl

200 g Sahne

50 g Butter

20 ml Olivenöl

Salz, Pfeffer

1 grüner Zucchino

1 gelber Zucchino

80 g Chorizo (geräucherte spanische Wurst)

1 Knolle junger Knoblauch

50 ml Olivenöl

konfierte Tomaten (Rezept s. S. 160)

100 ml Tomatensauce (Rezept s. S. 158)

50 ml Fischsauce (Rezept s. S. 159)

Parmesanhippen (Rezept s. S. 161)

Schalottenwürfel und 1 fein gehackte Knoblauchzehe in etwas Olivenöl anschwitzen, weich kochen und zu einer feinen Paste verrühren.

Kartoffel schälen, mit Salz und 2 Knoblauchzehen kochen, ausdämpfen und pressen. Sahne, Knoblauchpaste und die Hälfte der Butter zugeben, abschmecken und durch ein feines Sieb geben. Mit etwas Olivenöl und Butter aufrühren.

Steinbutt in Olivenöl anbraten, zum Schluss Rosmarin und die angedrückte Knoblauchzehe zugeben.

Aus Zucchini Rauten schneiden, Chorizo in Würfel schneiden und mit Zucchini anbraten. Knoblauchzehen schälen und ebenfalls langsam in Olivenöl backen.

Das Püree auf Teller geben, den Fisch auflegen, das Gemüse dazugeben und mit aufgeschäumter Fischsauce und Tomatensauce umgießen, mit konfierten Tomaten und Parmesanhippen ausgarnieren.

Weintipp

Traminer trocken (Weißwein)
Weingut Zimmerling, Dresden
(Sachsen/Deutschland)

Fischgerichte

Loup de Mer im Zucchinimantel mit Tomatenfond

Zutaten:

600 g Loup de Mer

30 g Schalottenwürfel

1/4 Knoblauchzehe, gewürfelt

1 Sardellenfilet

1 EL getrocknete Tomatenpaste

Limonensaft

4 Zucchini

Olivenöl

1 Zweig Thymian

300 g reife Tomaten

10 reife Kirschtomaten

2 EL schwarze Nizza-Oliven

4 kleine Artischocken

1/4 Knoblauchzehe

mildes Olivenöl, alter Aceto Balsamico

Salz, Pfeffer, Cayenne

Basilikum

Schalotten und Knoblauch in Olivenöl anschwitzen, fein gehackte Sardelle und Tomatenpaste zugeben, mit Limonensaft abschmecken.

Zucchini auf der Aufschnittmaschine längs dünn aufschneiden und dünn mit der Paste bestreichen. Loup de Mer darin einschlagen und mit etwas Olivenöl und Thymian 5 Minuten bei 200 °C im Ofen garen.

Tomaten pürieren, auf ein Tuch geben und den Saft auffangen, die Hälfte des Saftes reduzieren, dann frischen Saft zugeben und abschmecken.

Kirschtomaten blanchieren, enthäuten und im Tomatenfond erwärmen. Oliven halbieren und dazugeben.

Artischocken putzen, Böden in kleine Stücke schneiden und mit Olivenöl und Knoblauch braten.

Den Fisch auf Teller geben, Tomaten und Artischocken drumherum geben und mit Olivenöl und Balsamico beträufeln, mit Basilikum ausgarnieren.

Weintipp

Sächsischer Landwein trocken
Weingut Zimmerling, Dresden
(Sachsen/Deutschland)

Fischgerichte

Baby-Steinbutt mit Dicken Bohnen

Zutaten:

1 Baby-Steinbutt à 1,5 kg

Olivenöl

1 Zweig Rosmarin

3–4 Zweige Thymian

3 Knoblauchzehen

Salz, Cayenne, etwas Pfeffer

Meersalz

240 g geputzte, enthäutete Dicke Bohnen

30 g Schalottenwürfel

1/2 Knoblauchzehe

20 ml Olivenöl

20 g Butter

80 ml Geflügelfond (Rezept s. S. 158)

2 frische Tomaten

etwas gezupfter Thymian

Salz, Pfeffer, Limonensaft

konfierte Tomaten (Rezept s. S. 160)

Basilikum

Olivenöl

Aceto Balsamico

Weintipp

Chablis Grand Cru (Weißwein)
Moutonne
Domaine Long Depaquit, Chablis
(Burgund/Frankreich)

Steinbutt ausnehmen, Kiemen und Seitenflossen entfernen, unter Wasser gut abbürsten und abtrocknen.

Ein Blech einölen, mit Rosmarin, Thymian und fein gehacktem Knoblauch bestreuen, Steinbutt würzen und darauf betten.

Mit Olivenöl übergießen und bei 180 °C für 20–30 Minuten in den vorgeheizten Ofen geben.

Schalottenwürfel und fein gewürfelten Knoblauch in Butter und Olivenöl Farbe nehmen lassen, Fond zugeben, Bohnen und gewürfelte Tomaten zugeben, würzen, mit Limonensaft abschmecken.

Den gegarten Steinbutt von der Haut befreien, mit Meersalz (Maldon Sea Salt, das ist schön crunchy) nachwürzen und die Bohnen darauf anrichten. Mit einem guten Olivenöl und altem Balsamico umgießen, mit Basilikum und den konfierten Tomaten ausgarnieren.

Loup de Mer mit Papaya, Avocado und Minze

Zutaten:

400 g Loup de Mer (Filet)

40 g Schalotten

1 Knoblauchzehe

40 g Butter

200 g Papaya

100 g Ananas

120 g Avocado

1/2 Chilischote

Multivitaminsaft

1 Spritzer Limonensaft

6 Minzeblättchen

Salz, Cayenne

100 g Schalotten

3 Knoblauchzehen

6 Zitronengrasstängel

2 Limonenblätter

etwas Limonenabrieb

1/4 Chilischote

60 g Butter

100 ml Noilly Prat

250 ml Kalbsfond

100 g Sahne

35 g Kokospulver

1 EL Crème fraîche

Salz, Pfeffer, Cayenne

Schalotten und Knoblauch in Butter glasieren. Papaya und Ananas in Würfel schneiden und Abschnitte zu den Schalotten geben, Chilischote zugeben, mit etwas Multivitaminsaft auffüllen.

Fein pürieren, passieren und mit Limonensaft, Salz und Cayenne abschmecken. Danach Frucht- und Avocadowürfel zugeben.

Minze in Julienne schneiden und zugeben.

Schalotten, Knoblauch und Zitronengras klein schneiden und mit Limonenblättern, -abrieb und Chili in Butter anschwitzen.

Mit Noilly Prat ablöschen, reduzieren, Kalbsfond zugeben, reduzieren, Kokospulver, Sahne und Crème fraîche dazugeben, alles fein pürieren, passieren und abschmecken.

Loup de Mer mit einer Salz-Cayenne-Mischung würzen und pochieren.

Den Fisch auf Tellern anrichten, das Gemüse darüber geben und mit Minzeblättchen ausgarnieren.

Weintipp

Singerriedel
Riesling Smaragd
Weingut Hirtzberger,
Spitz an der Donau
(Wachau/Österreich)

Desserts

Crema Catalana mit Passionsfruchtmark

Zutaten:

250 g Sahne

250 ml Milch

1 Vanilleschote
(Tahiti-Vanille)

75 g Zucker

1 Ei

2 Eigelbe

6 EL Passionsfruchtmark

brauner Zucker

4 Himbeeren

Minzeblätter

Schokohippen
(Rezept s. S. 161)

Milch, Sahne und Zucker mit dem Mark der Vanilleschote aufkochen und langsam in die verquirlten Eier einrühren.

Etwas Passionsfruchtmark in Gläser füllen und die Catalana-Masse vorsichtig darauf geben.

Bei 100 °C im Ofen pochieren.

Wenn die Creme erkaltet ist, mit braunem Zucker bestreuen und karamellisieren.

Mit Himbeeren, Schokohippen und Minzeblättchen garnieren

Weintipp

Oberemmeler Hütte
Riesling Auslese
Weingut Von Hövel, Konz
(Mosel-Saar-Ruwer/Deutschland)

 # Desserts

Variationen von der Valrhona-Schokolade

Zutaten:

Schokoladen-Dôme:

300 g Caribe

2 Eigelbe

2 Eier

1 cl Grand Marnier

2 Blatt Gelatine

1/2 Vanillestange

300 g weiße Kuvertüre

20 g Crème fraîche

Schokoladensoufflé:

90 g Butter

60 g Zucker

6 Eigelbe

90 g dunkle Kuvertüre

Kuchen:

Sacher Biskuit
(Rezept s. S. 161)

2 Eigelbe

2 EL Zucker

140 g dunkle Kuvertüre

200 g Sahne

Weißes Schokoladeneis:

2 Eigelbe

2 Eier

50 g Zucker

1 EL Glukose

250 g Sahne

250 ml Milch

180 g weiße Kuvertüre

Crème de Cacao

eingelegte Orangenfilets

Orangencristalline

Für den Dôme Schokolade temperieren und auf Folie dünn aufstreichen. Folie in zylindrische Form drehen, Schokolade erkalten lassen und Folie entfernen.

Für die Füllung Eier im Wasserbad warm aufschlagen, Alkohol, eingeweichte und ausgedrückte Gelatine und Vanillemark zugeben, flüssige Kuvertüre und Crème fraîche unterrühren, in die Schokoladeformen füllen und kalt stellen.

Für das Soufflé Butter mit Zucker weiß aufschlagen, nach und nach Eigelbe zugeben, flüssige Kuvertüre unterrühren. Metallringe mit Pergament ausschlagen, fetten und zur Hälfte mit der Masse füllen, 6 Minuten bei 200 °C im Ofen backen.

Für den Kuchen Eigelbe mit Zucker aufschlagen, flüssige Kuvertüre einrühren und geschlagene Sahne unterheben. Füllung mit Biskuit in Törtchen schichten, erkalten lassen und kleine Dreiecke schneiden.

Für das Eis Eier, Zucker und Glukose im Wasserbad warm aufschlagen. Sahne und Milch erwärmen, flüssige Kuvertüre zugeben, unter die Eigelbe geben und zur Rose abziehen. Mit Crème de Cacao abschmecken, abkühlen lassen und in der Eismaschine gefrieren.

Die Variationen auf flachen Tellern anrichten, mit Orangenfilets und -cristallinen ausgarnieren, mit Minzeblättchen dekorieren.

Weintipp

Banyuls (Süßwein)
(Banyuls/Frankreich)

Desserts

Zutaten:

Sauerrahmeis:

250 g Schmand

250 g Joghurt

125 g Puderzucker

1 Zitrone

50 ml Kokosmilch

50 ml Batida de Coco

2 Blatt Gelatine

1 EL Glukose

Topfenknödel:

250 g Quark

20 g Butter

25 g Zucker

1 Eigelb

50 g Mie de Pain

1 EL Weizengrieß

1 Vanilleschote

etwas Orangenabrieb

500 ml Milch

100 g Zucker

1/2 Vanilleschote

Marinierter Rhabarber mit Sauerrahmeis

Marinierter Rhabarber:

3 Stangen Rhabarber

300 ml Wasser

200 g Zucker

1/2 Vanilleschote

1/2 Limone

Rhabarberkompott:

2 Stangen Rhabarber

80 g Zucker

200 ml Weißwein

1/2 Vanilleschote

Minzeblättchen

Für das Eis Schmand und Joghurt mit restlichen Zutaten mischen. Gelatine in erwärmtem Batida de Coco auflösen, dazugeben, abkühlen lassen und in der Eismaschine gefrieren.

Für die Topfenknödel Quark in ein Tuch schlagen und ausdrücken. Butter und Zucker schaumig rühren, Eigelb unterrühren, restliche Zutaten untermischen und kleine Klöße formen. In der warmen Vanillemilch gar ziehen lassen.

3 Stangen Rhabarber auf der Aufschnittmaschine dünn aufschneiden und in Läuterzucker mit einer 1/2 Vanilleschote und Limonenabrieb kurz aufkochen und darin erkalten lassen.

Für das Kompott 2 Stangen Rhabarber fein würfeln, Zucker karamellisieren lassen und Rhabarber dazugeben, mit Wein ablöschen, etwas Vanillemark dazugeben und zu Kompott kochen.

Die Rhabarberscheiben auf Tellern mit dem Kompott anrichten, je 1 Kugel Eis darauf setzen und je 2 Knödel dazulegen, mit Minzeblättchen ausgarnieren. Aufgeschäumte Vanillemilchtupfer dazusetzen.

Weintipp

Trittenheimer Apotheke
Riesling Auslese
Weingut Grans Fassian, Leiwen
(Mosel-Saar-Ruwer/Deutschland)

Desserts

Quarksoufflé mit Erdbeeren und Rhabarbereis

Zutaten:

Soufflé:

4 Eigelbe

50 g Zucker

1 Vanilleschote

etwas Limonenabrieb

170 g Quark

5 g Speisestärke

1 EL Weizengrieß

Rhabarbereis:

500 g Rhabarberpüree

4 Eigelbe

50 g Zucker

1 Vanilleschote

1/2 EL Glukose

150 g kalte Butter

Erdbeeren

Für das Soufflé die Eigelbe mit Zucker schaumig rühren, Vanillemark zugeben, Limone, ausgedrückten Quark, Stärke und Gries untermischen, in gebutterte und gezuckerte Förmchen füllen und bei 200 °C im Wasserbad im Ofen ca. 20 Minuten garen.

Für das Eis Eigelbe und Zucker über dem warmen Wasserbad aufschlagen, Vanillemark und Glukose zugeben, Rhabarberpüree unterrühren, im Mixer die kalte Butter unterarbeiten und gefrieren.

Das Soufflé mit dem Eis auf Tellern anrichten, mit Erdbeerscheibchen und Tupfern von Erdbeersauce ausgarnieren.

 ## Weintipp

Westhofen Aulerde
Chardonnay Auslese
Weingut Wittman, Westhofen
(Rheinhessen/Deutschland)

Desserts

Karamellisierter Blätterteig mit Himbeeren und Aprikoseneis

Zutaten:

125 g Quark

Batida de Coco

1 Limone

250 g Sahne

100 g Zucker

75 g Eiweiß

Aprikoseneis:

4 Eigelbe

50 g Zucker

150 ml Pèche Mignon

400 g Aprikosenkompott

300 g Sahne

100 ml Milch

100 g kalte Butter

300 g Blätterteig (TK-Ware)

Zucker

Himbeeren

Schokohippen
(Rezept s. S. 161)

Den Quark mit Batida und Limonensaft verrühren. Sahne mit 30 g Zucker steif schlagen, Eiweiß mit 70 g Zucker steif schlagen und beides unter den Quark haben. Die Mousse auf ein Tuch geben und in einen Locheinsatz legen, damit sie etwa einen 1/2 Tag austropfen kann.

Für das Aprikoseneis Eigelbe mit Zucker über dem Wasserbad warm aufschlagen, Alkohol und Aprikosenkompott zugeben. Sahne und Milch dazugeben, zur Rose abziehen, im Rotor kalte Butter untermixen und gefrieren.

Blätterteig in Zucker ausrollen und beschwert zwischen Backpapier bei 200 °C goldbraun backen. In Streifen schneiden und mit Quarkmousse und Himbeeren füllen.

Die Törtchen auf Tellern anrichten, je 1 Kugel Eis dazusetzen und mit Schokohippen ausgarnieren.

Weintipp

Nackenheimer Rothenberg
Riesling Auslese 3 Sterne
Weingut Gunderloch,
Nackenheim
(Rheinhessen/Deutschland)

Desserts

Karamellisierte Bananentarte mit Passionsfruchteis

Zutaten:

200 g Blätterteig (TK-Ware)

4 Baby-Bananen

150 g Zucker

150 g Butter

200 ml Bananensaft

6 cl Crème de Banane

12 dicke Bananenscheiben

etwas Mehl

Eiweiß

Kokosraspeln

Butter

300 g Passionsfruchtpüree

100 g Zucker

200 ml Wasser

1 EL Glukose

Saft von einer 1/2 Limette

Blätterteig ausrollen und im Durchmesser von 7 cm rund ausstechen.

Bananen in Scheiben schneiden, Zucker mit Butter karamellisieren und mit Alkohol und Saft ablöschen, Bananen einlegen.

Förmchen buttern, mit Bananenscheiben belegen und den Blätterteig auflegen. Bei 200 °C im Ofen ca. 10 Minuten backen.

Dicke Bananenscheiben in Mehl wenden, durch Eiweiß ziehen und in Kokosraspeln wenden, in Butter goldbraun ausbacken.

Für das Sorbet Wasser mit Zucker aufkochen, bis sich der Zucker löst, Glukose dazugeben, Püree und Limettensaft zufügen, abkühlen lassen und in der Eismaschine gefrieren.

Die Törtchen auf Teller platzieren, Sorbetkugeln und einige panierte Bananenscheiben dazulegen und mit Tupfern von Passionsfruchtpüree ausgarnieren.

Weintipp

Welschriesling Trockenbeerenauslese Weingut Günter Schönberger, Mörbisch (Burgenland/Österreich)

 # Desserts

Waldmeister-Champagner-Süppchen mit Rhabarbereis

Zutaten:

Rhabarbereis:

500 g Rhabarberpüree

4 Eigelbe

100 g Zucker

300 g Butter

1 Tahiti-Vanilleschote

1 EL Glukose

Suppe:

200 g Zucker

500 g Apfel- und Birnenwürfel

1 l Apfelsaft

500 ml Weißwein

1 Vanilleschote (Tahiti)

ca. 60 g Waldmeister

4 Blatt Gelatine

Champagner

Erdbeeren

Für das Eis Eigelbe mit Zucker schaumig rühren, Vanillemark zugeben und mit den restlichen Zutaten in den Mixer geben, dann in der Eismaschine gefrieren.

Für die Suppe Zucker hellbraun karamellisieren, Früchte zugeben und mit Apfelsaft und Wein ablöschen. Vanille zugeben und auf ca. 1 Liter reduzieren, dann passieren und eingeweichte und ausgedrückte Gelatine zugeben.

Waldmeister kurz anfrieren, in den Fond geben und über Nacht ziehen lassen, dann nochmals passieren.

Vor dem Anrichten etwas Champagner in die Suppe geben und mit dem Zauberstab aufschäumen.

In tiefe Teller füllen und je 1 Kugel Eis hinein legen. Erdbeeren waschen, zurecht schneiden und dazulegen.

Weintipp

Moët & Chandon Rosé Brut
Jahrgangschampagner
Moët & Chandon, Epernay
(Champagne/Frankreich)

Ananas-Kokos-Törtchen

Zutaten:

1 Eigelb

1 Ei

100 ml Batida de Coco

1 EL Glukose

3 Blatt Gelatine

150 g weiße Kuvertüre

150 g Kokosmark

300 g Sahne

100 g Kokosflocken

1 kleine Ananas

200 g Zucker

300 ml Wasser

1/2 Vanilleschote

weißer Biskuit
(Rezept s. S. 161)

Himbeeren

Minzeblättchen

Für die Kokosmousse Eigelb, Ei und Batida zusammen mit der Glukose im Wasserbad warm aufschlagen, bis eine leichte Bindung entsteht. Eingeweichte und ausgedrückte Gelatine darin auflösen, Kuvertüre und Kokosmark unterrühren, Sahne schlagen und zusammen mit Kokosflocken unterheben.

Ananas halbieren, Strunk entfernen, dünn aufschneiden. Wasser mit Zucker und Vanilleschote aufkochen, abkühlen lassen und die Ananas im lauwarmen Läuterzucker einlegen. Danach Ananas trocken legen.

Den Rand von Förmchen mit 6 cm Durchmesser mit Ananasscheiben auskleiden. Den Boden mit Biskuit bedecken, im Wechsel Mousse, Biskuit und wieder Mousse einschichten, obenauf mit Ananasscheiben enden.

Die Törtchen auf Teller platzieren, mit Himbeeren und Minzeblättchen ausgarnieren.

Weintipp

Iphöfer Domherr
Bacchus Beerenauslese
Staatlicher Hofkeller, Würzburg
(Franken/Deutschland)

 *Käse*

Ziegenfrischkäse mit Pinienkernen und Tannenspitzensirup

Zutaten:

250 g Ziegenfrischkäse

40 g Sahne

Salz, Pfeffer

Oliven-Chiabatta

Olivenöl

Meersalz
(Maldon Sea Salt)

200 g brauner Zucker

1 l Wasser

200 g Tannenspitzen

40 g getrocknete Kirschen

30 g Pinienkerne

Friséesalat

Aceto Balsamico

Käse mit der Sahne verrühren und leicht würzen.

Oliven-Chiabatta dünn aufschneiden, mit Olivenöl beträufeln, etwas mit Meersalz würzen und unter dem Salamander bräunen.

Zucker karamellisieren, mit Wasser ablöschen, kochen lassen, so dass sich der Karamell löst, Tannenspitzen waschen, in den warmen Fond geben und über Nacht ziehen lassen. Spitzen entfernen und den Fond zum Sirup einkochen.

Das Chiabattabrot auf Teller legen, den Käse darauf anrichten und mit Salatspitzen, Kirschen und Pinienkernen ausgarnieren und mit Balsamico beträufeln.

Weintipp

Banyuls Blanc (Süßwein)
(Banyuls/Frankreich)

Käse

Zutaten:

2 Crottin de Chavignol

4 Scheiben Oliven-Chiabatta

1/2 Schalotte, gewürfelt

1/2 Knoblauchzehe

1 EL pürierte schwarze Oliven

etwas Mie de Pain

Olivenöl

konfierte Tomaten
(Rezept s. S. 160)

Lauwarmer Crottin de Chavignol mit konfierten Tomaten

30 g Schalottenwürfel

1/2 Knoblauchzehe, fein gewürfelt

1 EL Olivenöl

2 EL pürierte schwarze Oliven

1 TL Aceto Balsamico

Limonensaft

je 1 TL-Spitze Thymian und Rosmarin

Salz, Pfeffer, Cayenne

Thymianspitzen

Chiabatta-Brot in Olivenöl anrösten.

Für die Tapenade Schalotten und Knoblauch in etwas Olivenöl anschwitzen, pürierte Oliven und etwas Mie de Pain zugeben, abschmecken und dünn auf das Brot streichen. Mit konfierten Tomaten belegen.

Käse halbieren und in einer Teflonpfanne auf der Schnittseite anbraten, dann auf den Tomaten platzieren.

Für die Oliventapenade Schalotten und Knoblauch in Öl anschwitzen, pürierte Oliven zugeben, mit Balsamico, Limonensaft und Gewürzen abschmecken.

Die garnierten Brote auf Teller platzieren, mit Oliventapenade umträufeln, mit Thymianspitzen ausgarnieren.

Weintipp

Monzinger Halenberg
Riesling Auslese trocken
Weingut Emrich-Schönleber,
Monzingen
(Nahe/Deutschland)

Basics

Geflügelfond

1 kg Geflügelcarcassen
200 g Schalottenwürfel
100 g Selleriewürfel
100 g Lauch (nur das Weiße)
100 g Staudenselleriewürfel
1 Lorbeerblatt
3 Nelken
5 Pfefferkörner

Geflügelcarcassen gründlich wässern, mit Wasser aufsetzen und langsam aufkochen lassen. Den dabei enstehenden Schaum ständig abnehmen. Wenn der Fond aufgekocht ist, Gemüse und Gewürze zugeben und ca. 2 Stunden leise köcheln lassen. Anschließend vorsichtig durch ein Tuch geben.

Fischfond

1 kg Seezungen- oder Steinbuttgräten
150 g Schalottenwürfel
100 g Selleriewürfel
100 g Staudenselleriewürfel
100 g Lauch (nur das Weiße)
1 Lorbeerblatt
2 Wachholderbeeren
4 weiße Pfefferkörner
1 Nelke

Fischgräten gründlich wässern und mit Wasser aufsetzen, langsam aufkochen lassen und entschäumen. Gemüse und Gewürze zugeben und nochmals aufkochen lassen. Eine 3/4 Stunde ziehen lassen, kurz aufkochen und vorsichtig durch ein Tuch passieren.

Krustentierfond

1 kg Langustinencarcassen
(oder Hummercarcassen)
50 ml Olivenöl
70 g Selleriewürfel
70 g Staudenselleriewürfel
50 g Karottenwürfel
100 g Schalottenwürfel
3 Knoblauchzehen
50 g Lauchwürfel
120 g Tomatenwürfel
1 TL-Spitze Kümmel
3 Wacholderbeeren
1 TL weißer Pfeffer
1 TL schwarzer Pfeffer
750 ml Fischfond
750 ml Geflügelfond
500 ml Tomatensaft

Ein Drittel der Langustinencarcassen im Ofen anrösten. Gemüse in Olivenöl anschwitzen, Tomaten und Gewürze zugeben und mit Fonds und Tomatensaft auffüllen. Geröstete Carcassen und die anderen hineingeben. Auf ca. ein Drittel reduzieren und durch ein feines Spitzsieb geben.

Tomatensauce

80 g Karottenwürfel
80 g Selleriewürfel
80 g Staudenselleriewürfel
50 g Lauchwürfel
80 g Schalottenwürfel
3 Knoblauchzehen
etwas Olivenöl
500 g Tomatenwürfel
1 EL pürierte schwarze Oliven
1 EL pürierte getrocknete Tomaten
500 ml Tomatensaft
Limonenabrieb
1 kleiner Rosmarinzweig
1 frisches Lorbeerblatt
500 ml Geflügelfond
100 ml alter Aceto Balsamico
Salz, Pfeffer, Cayenne

Gemüsewürfel und angedrückten Knoblauch langsam in Olivenöl anschwitzen, Tomaten zugeben und weiter anschwitzen, Oliven und Tomatenpüree zugeben und mit Tomatensaft ablöschen. Rosmarinzweig, Limonenabrieb und Lorbeerblatt zugeben und um ein Drittel reduzieren, Geflügelfond zugeben und wieder ein Drittel reduzieren. Dann in den Mixer geben, danach durch ein feines Spitzsieb geben und mit Gewürzen und altem Balsamico abschmecken.

Fischsauce

150 g Schalotten
3 Knoblauchzehen
20 g Olivenöl
4 Nelken
4 Wacholderbeeren
1 frisches Lorbeerblatt
550 ml Noilly Prat
1 Flasche trockener Sekt
1,5 l Fischfond
750 g Sahne
Salz, Cayenne, Peffer
Limonensaft

Schalotten und Knoblauch schälen, in feine Scheiben schneiden und in Olivenöl farblos anschwitzen. Nelke, Wacholder und Lorbeerblatt zugeben und mit Alkohol ablöschen. Stark einkochen, mit Fischfond auffüllen und wieder stark einkochen. Dann Sahne zugeben, würzen und kurz aufkochen lassen, im Mixer pürieren und durch ein feines Spitzsieb geben. Nochmals abschmecken.

Trüffelsauce

100 g Schalottenwürfel
3 Knoblauchzehen
500 g Champignons
40 g Butter
1 Flasche weißer Portwein
1,5 l Geflügelfond
100 g Périgord-Trüffel
20 g Butter
750 g Sahne
100 ml Trüffelfond
weißer Aceto Balsamico
Salz, Pfeffer, Cayenne

Schalotten und angedrückten Knoblauch in Butter hell anschwitzen und Champignons zugeben, mit Portwein ablöschen und stark reduzieren. Mit Geflügelfond auffüllen und so reduzieren, dass etwa 300 ml Fond übrig bleibt. Durch ein Sieb geben und Champignons ausdrücken. Trüffel fein würfeln und in etwas Butter anschwitzen, mit Trüffelfond ablöschen und stark einkochen. Mit Sahne und Trüfelfond auffüllen, aufkochen lassen und in den Mixer geben, bis der Trüffel ganz fein geworden ist. Mit Balsamico und Gewürzen abschmecken.

Weiße Pfeffersauce

150 g Schalottenwürfel
3 Knoblauchzehen
40 g Butter
25 g weißer Pfeffer
2 Nelken
1 Lorbeerblatt
1 Flasche weißer Portwein
550 ml trockener Sherry
1,5 l Geflügelfond
750 g Sahne
1 Spritzer Rotweinessig
Salz, Cayenne

Schalotten und angedrückten Knoblauch in der Butter farblos anschwitzen, Pfeffer, Nelken und Lorbeerblatt zugeben, mit Alkohol ablöschen und stark reduzieren. Mit Geflügelfond auffüllen und wieder stark reduzieren. Sahne zugeben, in den Mixer füllen und fein pürieren, dann durch ein feines Spitzsieb geben und mit Essig, Salz und Cayenne abschmecken.

Madrascurrysauce

100 g Schalottenwürfel
4 Knoblauchzehen
1 Limonenblatt
1 Lorbeerblatt
2 Zitronengrasstängel
1/2 Chilischote
40 g Öl
40 g Butter
1 EL Madrascurry
550 ml Noilly Prat
750 ml Krustentierfond
1 EL Crème fraîche
Olivenöl
Butter
Limonensaft
Salz, Pfeffer, Cayenne

Schalotten, angedrückten Knoblauch und Gewürze in Öl und Butter anschwitzen, Curry zugeben und mitschwitzen, mit Noilly Prat ablöschen, reduzieren, Fond zugeben, wieder reduzieren, mit Crème fraîche, etwas Olivenöl und Butter aufmixen und mit Pfeffer, Salz, Cayenne und Limonensaft abschmecken.

Basics

Zitronengrassauce

3 Knoblauchzehen
100 g Schalotten
6 Zitronengrasstängel
2 Limonenblätter
1 Lorbeerblatt
etwas Limonenabrieb
1/4 Chilischote
60 g Butter
100 ml Noilly Prat
250 ml Kalbsfond
100 g Sahne
35 g Kokospulver
1 EL Crème fraîche
Salz, Pfeffer, Cayenne

Schalotten, Knoblauch, Zitronengras und Limonenblätter klein schneiden und mit Lorbeerblatt, Chili und Limonenabrieb in Butter anschwitzen. Mit Noilly Prat ablöschen, reduzieren, Kalbsfond zugeben, wieder reduzieren, mit Sahne auffüllen, Kokospulver dazugeben, mit Crème fraîche aufmixen, passieren und abschmecken.

Balsamicodressing

400 ml Geflügelfond
30 ml alter Aceto Balsamico
30 ml reduzierter Portwein
50 ml Traubenkernöl
70 ml Olivenöl
Salz, Pfeffer

Geflügelfond auf die Hälfte reduzieren, Essig und Portwein zugeben, dann das Öl zugießen und mit dem Stabmixer hochziehen, würzen.

Trüffeldressing

95 g Trüffelabschnitte, fein gehackt
3 cl roter Portwein
2 cl Geflügelfond
2 EL alter Aceto Balsamico
8 EL Rotweinessig
5 EL mildes Olivenöl
6 EL Sonnenblumenöl
Salz, Zucker, Pfeffer

Trüffel in Olivenöl anschwitzen und mit Portwein ablöschen, etwas reduzieren, Geflügelfond zugeben und wieder etwas reduzieren. Essig zugeben und die Öle langsam einrühren, abschmecken.

Basilikumpesto

1 Bund glatte Petersilie
3 Bund Basilikum
200 ml Pflanzenöl
100 g geröstete Pinienkerne
300 ml mildes Olivenöl
80 g Parmesan
Salz, Pfeffer

Blätter zupfen, im Mixer mit dem Pflanzenöl fein laufen lassen, Pinienkerne dazugeben, weitermixen, zum Schluss Olivenöl zugießen, würzen und geriebenen Parmesan unterrühren.

Konfierte Tomaten

6 Tomaten
Olivenöl
Thymian
Rosmarin
Salz, Pfeffer

Tomaten mit heißem Wasser überbrühen, in Eiswasser abschrecken, häuten, entkernen und in Achtel schneiden. Auf einem mit Backpapier ausgelegten Blech verteilen, Thymianzweige, Rosmarinspitzen und Knoblauchzehen dazulegen, vorsichtig würzen, mit mildem Olivenöl begießen und bei 50 °C für etwa 2 Stunden im Ofen trocknen.

Farce

Fleisch oder Fisch durch den Wolf drehen, in der Moulinette aufpürieren und im Verhältnis 3:2 mit Sahne mischen, die man nach und nach hinzugießt. Mit Salz, Pfeffer und Gewürzen abschmecken und die Masse noch einmal durch ein Sieb streichen.

Parmesanhippen

100 g Butter
50 g Parmesan
50 g Mehl
70 g Eiklar
Salz, Cayenne

Butter weiß rühren, dann alle Zutaten unterrühren. In beliebigen Formen auf die Backmatte aufstreichen und 5–6 Minuten bei 170 °C im Ofen backen.

Curryhippen

25 g Puderzucker
100 g Butter
100 g Mehl
100 g Eiklar
etwas grüne Currypaste
Madrascurrypulver
Salz

Zucker und Butter schaumig rühren, Mehl und Eiklar unterrühren, mit Currypaste und -pulver würzen und in beliebigen Formen dünn auf Backpapier ausstreichen. 5 Minuten bei 200 °C im Ofen backen.

Nudelteig

4 Eigelbe
3 Eier
Salz
1 EL Olivenöl
400 g Nudelgrieß

Eier und Salz verquirlen, 1/2 Stunde stehen lassen. Öl und Grieß zugeben und gut verkneten, abgedeckt eine weitere 1/2 Stunde ruhen lassen. Dann den Teig je nach Bedarf ausrollen.

Weißer Biskuit

7 Eigelbe
4 Eiweiß
90 g Zucker
35 g Mehl
20 g Weizenstärke
20 g Cremepulver

Eigelbe mit der Hälfte des Zuckers aufschlagen, Eiweiß mit restlichem Zucker aufschlagen und unter das Eigelb heben, gesiebtes Mehl, Stärke und Cremepulver dazugeben. Auf ein Blech streichen und 5–6 Minuten bei 220 °C im Ofen backen.

Sacher Biskuit

125 g Butter
40 g Zucker
6 Eigelbe
125 g dunkle Kuvertüre
6 Eiweiß
160 g Zucker
60 g Mehl
60 g Weizenstärke
20 g Kakao
1 TL Backpulver

Butter mit Zucker schaumig rühren und langsam Eigelbe nach und nach zugeben. Flüssige Kuvertüre einrühren. Eiweiß mit Zucker steif schlagen und unterheben. Mehl, Stärke, Kakao und Backpulver mischen und unterheben. Dünn auf ein Blech streichen und im Ofen bei 180 °C ca. 10 Minuten backen.

Schokohippen

100 g weiche Butter
100 g Puderzucker
70 g Honig
80 g Mehl
10 g Kakao

Butter und Zucker vermengen und die anderen Zutaten nach und nach dazugeben. Auf einer Backmatte in beliebiger Form ausstreichen und bei 200 °C im Ofen 5–6 Minuten ausbacken.

Glossar

A

abflämmen:
Abbrennen von restlichen Flaumfedern bei gerupftem Geflügel mittels Gasflamme

abglänzen:
Glänzend machen (mit Glasur bedecken)

abschäumen:
Abschöpfen von Eiweißschaum, der sich beim Kochen von Brühen und Fonds an der Oberfläche sammelt

abschrecken:
Schnelles Abkühlen heißer Speisen in Eiswasser

abstechen:
Kleine Klöße oder Nocken aus einer Masse mit einem Kaffee- oder Esslöffel abnehmen

abziehen:
Legieren bzw. sämig machen von Brühen, Saucen und Suppen mittels Milch mit Stärkemehl oder Eiern mit Sahne

anschwitzen:
In Fett ohne Farbe leicht anziehen lassen

à point:
Auf den Punkt, gerade richtig braten, pochieren oder garen

aufschlagen:
Saucen oder Cremes mittels Schneebesen locker und luftig schlagen

aufstoßen lassen:
Zum Siedepunkt erhitzen

ausbacken:
Eine Speise schwimmend in reichlich heißem Fett goldbraun backen

ausbeinen:
Auslösen und entfernen sämtlicher Knochen bei Fleisch, Wild und Geflügel

ausbrechen:
Knacken der Krustentierschalen und Herauslösen des Fleisches

B

bardieren:
Mageres Fleisch mit dünnen Speckscheiben umwickeln oder belegen

Beignet:
Kleines, in Fett ausgebackenes Gebäck

binden:
Eine Speise sämig machen mit Stärke, Eiern oder Gelatine

bissfest garen:
Nudeln und Gemüse so kochen, dass sie noch einen festen Kern haben

blanchieren:
Kurzes Kochen in reichlich Salzwasser, um z. B. bei Gemüse die Vitamine zu erhalten oder um die Haut besser abziehen zu können

blindbacken:
Teigböden ohne Belag vorbacken; dazu wird der Boden mit Backpapier und Hülsenfrüchten belegt, damit der Teig nicht hoch geht

Bouquet garni:
Kräuterbündel aus verschiedenen Kräutern und Suppengemüsen zur Geschmacksverfeinerung von Saucen, Suppen und Brühen

Brunoise:
Fein gewürfeltes Gemüse

C

Cocotte:
Kleine feuerfeste Form aus Porzellan oder Steingut

Consommé:
Sehr kräftige, klare Brühe

Coulis:
Püreeartige Frucht- oder Gemüsesauce; auch Saft von Fleisch und Fisch

Cutter:
Elektrischer Blitz-Zerhacker zur Herstellung einer Farce

D

dämpfen:
Garen in Wasserdampf

dressieren:
Speisen geschmackvoll verzieren oder in besondere Form bringen

dünsten:
Garen in eigenem Saft oder Fett oder in wenig Flüssigkeit

durchstreichen:
Durch ein Sieb drücken (passieren)

E

Essenz:
Stark reduzierte Brühe, konzentrierter Fond

F

Farce:
Durch den Wolf gedrehtes Fleisch, Fisch oder Meeresfrüchte, im Cutter fein püriert, gewürzt und mit flüssiger Sahne aufgecuttert

flambieren:
Übergießen und Anzünden einer heißen Speise mit hochprozentigem Alkohol, um die Speise zu aromatisieren

Fond:
Grundbrühe, die beim Garen von Fleisch, Fisch, Geflügel oder Gemüse gewonnen wird; dient als Basis für Saucen

G

geklärte Butter:
Butter, die nach dem Erhitzen abgekühlt und durch ein Tuch passiert wurde: übrig bleibt das reine Butterfett ohne Molke

Glace:
Ungesalzener, stark eingekochter (reduzierter) Fond; dient der geschmacklichen Verbesserung von Saucen

glasieren (glacieren):
Bedecken/überziehen mit einer Glasur oder in Fett und etwas Zucker schwenken

gratinieren:
Bei starker Oberhitze überbacken, bis eine leichte braune Kruste entsteht

J

Julienne:
Hauchdünne Streifen von Gemüse oder Trüffeln – als Suppeneinlage, als Beilage oder zur Dekoration

Jus:
Konzentrierter, brauner Fond; auch reiner, entfetteter Bratensaft

K

Karkassen:
Geflügel- oder Krustentierknochen zum Auskochen für Saucen und Fonds

klären:
Entfernen von Trüb- und Schwebstoffen aus einer Brühe – für klare Consommés oder Gelees – mit Hilfe einer Masse aus fein gehacktem Fleisch oder Fisch mit Eiweiß und Kräutern

L

legieren:
siehe abziehen

M

marinieren:
Einlegen von Fleisch, Fisch, Wild in eine Marinade aus z. B. Essig, Wein, Zitronensaft, Öl, Kräutern und Gewürzen

mehlieren:
In Mehl wenden

Mie de Pain:
Fein geriebenes Weißbrot ohne Rinde

Mille-feuille:
Kleine Blätterteigkuchen; d. h. mehrere dünne Blätter, mit Füllung geschichtet

montieren:
Aufschlagen einer Sauce oder Suppe mit kalter Butter

N

nappieren:
Überziehen bzw. Übergießen einer Speise mit Sauce

Noilly Prat:
Trockener, französischer Wermut

Nussbutter:
Geschmolzene, durch ein Tuch passierte und nochmals erwärmte Butter mit einem leicht bräunlichen Farbton

P

Parfait:
Exquisite Speise auf der Basis von Früchten, die mit Gelatine oder Ei gebunden ist; wird gut gekühlt aus kleinen Formen gestürzt

parfümieren:
Eine Speise mit einer aromatischen Flüssigkeit würzen

parieren:
Entfernen von Sehnen, Fett und Haut aus Fleisch- und Fischstücken und anschließendes gleichmäßiges Zurechtschneiden

Parüren:
Die beim Parieren entstandenen Abschnitte (werden für Fonds verwendet)

passieren:
Durch ein Sieb/Passiertuch streichen/drücken oder abgießen/filtern

Passiertuch:
Feines Gazetuch zum Passieren

pochieren:
In Flüssigkeit leise köchelnd gar ziehen lassen

R

reduzieren:
Einkochen von Flüssigkeiten (Fonds, Suppen, Saucen), bis sie die gewünschte, dickflüssige Konsistenz erlangt haben; intensiviert das Aroma

zur Rose abziehen:
Eine Crememasse unter Rühren erhitzen, bis sie leicht angedickt auf dem Kochlöffel liegen bleibt und beim Draufblasen kleine Kringel zeigt

S

Sabayon:
Eierweinschaumcreme, die im Wasserbad warm aufgeschlagen wird

Salamander:
Spezialgerät zum Überbacken und Bräunen von Speisen

Sauternes:
Süßer, alkoholreicher Weißwein aus Frankreich

sautieren:
Schnelles, kurzes Anbraten klein geschnittener Fleisch- oder Fischstücke in Fett

schmoren:
Angebratenes Fleisch knapp mit Flüssigkeit bedeckt im geschlossenen Topf im Ofen kurz unter dem Siedepunkt garen

Spiegel gießen:
Den Boden eines Tellers dünn mit Coulis, Sauce oder Dressing bedecken, um darauf weitere Zutaten zu platzieren

T

tournieren:
Gemüse in oval-längliche oder runde dekorative Form schneiden

Tranchen:
Fertig angerichtete Scheiben/Schnitten

tranchieren:
Gegartes Fleisch oder Fisch zum Anrichten zerlegen und in Scheiben schneiden

W

Wasserbad (Bain marie):
Topf mit wassergefülltem doppeltem Boden zum Erwärmen und Aufschlagen empfindlicher Speisen

Z

Zesten:
Mit einem Spezialschäler (Zestenreißer) dünn abgeschälte/abgehobelte Zitrus- oder Gemüseschalen

Register

Die Rezepte sind, soweit nicht anders angegeben, für 4 Personen berechnet.

Variationen von der Gänsestopfleber 48

Offener Ravioli mit Périgord-Trüffel 50

Langustine im Kartoffelmantel mit Auberginenkaviar und geschmolzenen Tomaten 52

Lachstatar mit Jacobsmuschel und zweierlei Kaviar 54

Wachtelei-Croûtons mit Périgord-Trüffelrisotto 56

La Ratte-Kartoffeln in Schnittlauchrahm mit Imperial-Kaviar 58

Bretonischer Hummer mit Zitronengras und Kopfsalatherzen 62

Gemüseomelett mit gefüllten Calamaris 64

Schaumsuppe von jungen Erbsen mit Flusskrebsen und Morcheln 66

Wildgarnele mit Ananas-Paprika-Chutney 68

Kalt geräucherter Lachs auf Auberginen-Zucchini-Salsa 70

Salat von rohem Spargel mit Bretonischem Hummer 72

Kalbskopfcarpaccio mit Périgord-Trüffel und Salaten 74

Gemüseterrine mit eingelegten Sardinen 78

Kaltes Paprikasüppchen mit Pulposalat 80

Glasierte Gänsestopfleber mit Pattaya-Mango 82

Kalte weiße Tomatensuppe mit Sardinenspieß 84

Brandenburger Landente mit Spitzkohl und Holunderbeeren 86

Geschmortes Kalbsbäckchen mit Rote Bete und Périgord-Trüffel 88

Getrüffelte Kalbsbriesravioli mit Rahmspinat 90

Brandenburger Rehrücken mit geschmolzener Gänsestopfleber und Balsamico-Kirschen 92

Glasiertes Kalbsbries mit Kartoffelpüree und Rotweinschalotten 94

Lammrücken vom Hof Müritz auf warmem Bohnen-Oliven-Salat 98

Strudel von der Wachtel mit Gänsestopfleber und Pfifferlingen 100

Kalbstafelspitz 24 Stunden gegart mit Spargel und Périgord-Trüffel 102

Krosser Jungschweinebauch auf mallorquinische Art 104

Taube mit Karottenpüree und schwarzen Walnüssen 106

Rotbarbe auf der Haut gebraten mit Dicken Bohnen 108

St. Pierre auf mediterrane Art 110

Seesaibling mit Wildkräutersalat und Kartoffel-Limonen-Mousselines 112

Jacobsmuschel mit jungen Erbsen und Madrascurry 114

Hausgemachte Nudeln mit Meeresfrüchten 116

Meeresfrüchterisotto mit Seeteufel 118

Mein Fischeintopf mit Safran-Knoblauch-Mayonnaise 120

Seezungenfilets und Flusskrebse mit Kohlrabi und Périgord-Trüffel 122

Gebratener Rochenflügel mit Kapern und Limonen 124

Jacobsmuschel mit Walnusskruste und Blumenkohl 126

Bärlauchrisotto mit gebratener Rotbarbe 128

Atlantik-Steinbutt mit jungem Knoblauch 130

Loup de Mer im Zucchinimantel mit Tomatenfond 132

Baby-Steinbutt mit Dicken Bohnen 134

Loup de Mer mit Papaya, Avocado und Minze 136

Crèma Catalana Passionsfruchtmark 138

Variationen von der Valrhona-Schokolade 140

Marinierter Rhabarber mit Sauerrahmeis 142

Quarksoufflé mit Erdbeeren und Rhabarbereis 144

Karamellisierter Blätterteig mit Himbeeren und Aprikoseneis 146

Karamellisierte Bananentarte mit Passionsfruchteis 148

Waldmeister-Champagner-Süppchen mit Rhabarbereis 150

Ananas-Kokos-Törtchen 152

Ziegenfrischkäse mit Pinienkernen und Tannenspitzensirup 154

Lauwarmer Crottin de Chavignol mit konfierten Tomaten 156

Danksagung

Zu guter Letzt möchte ich mich noch einmal bei all denjenigen bedanken, die mir mit ihrer tatkräftigen Hilfe bei meinem ersten Buch zur Seite standen.

Allen voran meinem General Manager Willi Weiland, der mir durch seine unermüdliche Art zu jeder Zeit und zu jedem Thema eine große Stütze ist und somit auch an dem Erfolg, den wir mit unserem Restaurant haben, einen großen Anteil hat.

Sodann danke ich meiner Küchenbrigade, weil wir alle wissen, dass ein Solist noch lange kein Orchester ist:

Eberhard Lange, stellv. Küchenchef (und seiner Lebensgefährtin); er war der erste in meinem Team, den ich selber eingestellt habe und der fortan mit ambitioniertem Einsatz zu großen Teilen an unserem Erfolg mitwirkt.

Matthias Apelt, Pâtissier
Kai Lautenbach, Tournant
Sascha Blumstengel, Demi Chef de Partie
Lorenz Becker, Chef de Partie
Kenneth Marso, Spülmeister

Schön ist es, dass es nicht nur für mich, sondern auch für meine Mannschaft selbstverständlich ist, dass sich Erfolg nicht alleine aus Anwesenheit ergibt. Es ist der gemeinsame Leistungswille, der uns so weit nach vorne gebracht hat. So möchte ich mich für das Engagement, die Kreativität, die immer gute Laune im Team und die unzähligen Stunden, die weit über eine 35-Stunden-Woche hinausgehen, bedanken.

Natürlich danke ich auch meiner Servicemannschaft, allen voran Restaurant-Chef Olaf Rode und den Sommeliers Saskia Leise und Georgio Volpe, die mir bei der Weinauswahl mit Rat und Tat zur Seite standen.

Nicht zu vergessen all diejenigen, die uns bei diesem Buchprojekt unterstützt haben:

Hugentobler & Partner GmbH (Lohberger)
San Pellegrino Deutschland GmbH
Weihe Früchte & Salate KG
Deutsche See GmbH & Co KG
Imperial Caviar Berlin GmbH, Rehza Koroji
Schwob & Co. AG
Fliegel GmbH & Co Textilservice
Österreichische Weinmarketingservice Ges.m.b.H
France Terroir Berlin

Thomas Kammeier

Impressum

© 2003 DuMont monte Verlag, Köln
Alle Rechte vorbehalten

Fotografien: **Florian Bolk**
Fotografien auf den
Seiten 6, 12, 14, 16–19:
Archiv InterContinental, Berlin

Texte: **Thomas Kammeier** (Rezepte)
Ingo Swoboda

Gestaltung: **b+d köln**

Lithografie: **repro schmitz ag**

Druck: **Appl, Wemding**

Printed in Germany

ISBN 3-8320-8818-0